FRITZ GERATHEWOHL

Sprechen Vortragen Reden

EINE EINFÜHRUNG IN DIE SPRECHERZIEHUNG

PHILIPP RECLAM JUN. STUTTGART

Universal-Bibliothek Nr. 7878/79

Gesetzt in Petit Garamond-Antiqua. Printed in Germany 1971
Herstellung: Reclam Stuttgart
ISBN 3 15 007878 4

VORWORT

Die vorliegende Schrift soll das Gefilde umreißen, das von der wissenschaftlichen Sprechkunde umgepflügt und besät und von der praktischen Sprecherziehung abgeerntet wird. Sie möchte den Leser nicht befriedigen, sondern anregen und mit dem Wunsche entlassen, sich weiterhin mit den drei Sondergebieten unseres Arbeitsbereiches zu beschäftigen, die sich aus der Atem-, Stimm- und Sprechbildung, aus der Lehre vom Dichtungsvortrag und aus der Rhetorik ergeben.

Es sei auch demjenigen Leser, dem nur an einem der drei Unterweisungsgebiete für seine besonderen Zwecke, etwa als Lehrer oder als Redner, vorerst gelegen ist, dringend angeraten, das Büchlein als ganzes zur Kenntnis zu nehmen und durchzuarbeiten. Auch der Redebeflissene vermag aus der Vortragslehre Anregungen zu gewinnen, und der Dichtungssprecher wird sich zu seinem Vorteil mit der Rhetorik befassen. Keinesfalls nur die Lehrer aller Schulgattungen und Fächer sowie die Studierenden, die dem Erzieherberuf zustreben, sondern jeder Leser, dessen Beruf oder private Neigung ihm eine erhöhte Sprechpflicht auferlegt, sollte sich auf die biologischen Grundgesetze des Atmens und Sprechens verweisen lassen und wenigstens die Auswahl von Übungen vornehmen, die wir auf den folgenden Seiten aufzeigen.

Das Schrifttumsverzeichnis gibt die Wege an, die tiefer in die einzelnen Gebiete hineinweisen, als es unserer Einführung zukommen kann. Über Sprechkunde und Sprecherziehung schlechthin handelt zumal für den Gebrauch des Lehrers nach Erich Drach (11) mit reichen Literaturangaben neuerdings Christian Winkler (87). Der Dichtungssprecher erhält überdies wertvolle Anregungen u. a. von Fritz Lockemann (45) und Marie-Hed Kaulhausen (35). Was die Übungen in Atem-, Stimm- und Sprechbildung betrifft, so darf ich auf mein Übungsbüchlein „Richtiges Deutschsprechen“ (25) verweisen. Es bietet dem Leser die Ergänzung zu der kurzen Auswahl von Übungen, die ich in die „Einführung“ aufnehmen konnte. Der Redebeflissene kann sich von meinem rhetorischen Selbsterziehungswerk „Deutsche Redekunst“ (21) sowie von meinen Schriften „Sicheres Auftreten“ (22), „Technik und Psychologie der Verhandlung“ (20) und „Geschäftliche Verhandlungspraxis“ (23) weitere Anleitungen und Übungen vermitteln lassen. Geistlichen Rednern sei das Werk von Fritz Schweinsberg (65) besonders empfohlen.

Mit Einverständnis des Verlags Georg D. W. Callwey (München) habe ich den Abschnitt „Vortrag von Dichtungen“ weitgehend meinem 1929 bei ihm erschienenen, seit mehr als 15 Jahren vergriffenen Werke „Das Deutsche Vortragsbuch“ entnommen. Meiner gleichfalls längst vergriffenen Schrift „Das Unterhaltungsgespräch“ (Siemens-Verlagsgesellschaft, Bad Homburg v. d. H.) entnahm ich einige Ausschnitte über die Gesprächsführung.

Dr. Fritz Gerathewohl
Lektor für Sprechkunde und Rhetorik
an der Universität München
(gest. 18. Nov. 1956
in Steinebach a. Wörthersee)

I.

ATEM, STIMME, LAUTBILDUNG

Die Leib-Seele-Einheit

Es ist noch kein halbes Jahrhundert vergangen, daß der große Chirurg Gustav von Bergmann die These aufstellte, ein Magengeschwür könne aus seelischen Gründen entstanden sein. Diese Behauptung erregte heftigen Widerspruch, denn sie widersprach einer damals noch üblichen Auffassung, die ein anderer Chirurg, einige Jahre später, in die Worte faßte: „An die Stelle der Bewertung des ganzen Menschen trat die Überbewertung von einzelnen Untersuchungsbefunden, von Kurvenauslegungen und automatischen Organmessungen" (7). Nach Max Clara wurde der lebendige Organismus am Ende auch dem Arzte „nichts anderes als eine vom Baumeister Natur geschickt zusammengesetzte Maschine" (7). In einer materialistischen Weltschau wurde, wie es ein bedeutender Biologe unserer Tage, Reinhold Demoll, ausdrückt, „die Idee des Ganzen durch das starre Hinblicken auf die Teile, auf die Bausteine, ertötet. Daß in dem Organismus eine Ganzheit vorliegt, daß sich in ihm gewissermaßen eine Idee verwirklicht, wurde zwar zunächst noch nicht übersehen, galt aber als belanglos und unproblematisch. Der Sinn für Unfaßbares wurde von dem Denken in Teilstücken, in Mengen und Zahlen erstickt, die Gefahr der Überschätzung der Erkenntnismöglichkeit war gegeben. Das Leben wurde zum mathematischen Problem" (9). Man ging so weit, anzunehmen, daß sich das Lebendige vom Anorganischen „nur durch größere Komplikation der chemischen Zusammensetzung unterscheide", und meinte, „daß Empfindungen meßbar und addierfähig sind wie die Reizstärke". Lediglich was man errechnen, messen, zergliedern konnte, galt als seelisch vorhanden, und alle Erkenntnisse der Weisen und Dichter, der großen Ahner und Deuter der menschlichen Seele wurden als „unwissenschaftlich" über Bord geworfen.

Zwar hatte Hans Driesch durch sein berühmtes Experiment mit dem Seeigel-Ei bereits 1891 eine „Mosaiktheorie" der Biologen als unberechtigt erwiesen und mit seiner „Philosophie des Organischen", die 1909 erstmalig erschien, der mechanistischen Naturauffassung einen schweren Stoß versetzt. Es verging aber doch manches Jahr, bis sich die Ärzte dazu bereit fanden, darauf zu verzichten, „entweder nur den Körper oder nur die Seele oder aber sowohl den Körper wie auch die Seele als selbständige, in sich geschlossene Organismen zu betrachten" (41), und sich dazu entschlossen, „den kranken Menschen als leib-seelische Einheit, als kranke Gesamtpersönlichkeit in den Mittelpunkt ihrer Diagnose und Therapie zu stellen" (7).

Wohl mag es immer Ärzte gegeben haben, die von dieser biologischen Grunderkenntnis aus ihre Heilweisen ableiteten. Viele aber hatten doch vergessen, daß „alles Lebendige beseelt ist und lebendig ist durch die Beseelung" (44). Uns scheint, daß die Wende zur ganzheitlichen Betrachtung des Menschen im Bereich der „Schulmedizin" etwa 1930 eintrat. Damals jedenfalls wurde auf dem Kongreß der Gesellschaft für innere Medizin folgender Beschluß gefaßt: „Die klinische Medizin der Gegenwart erkennt den Organismus nicht mehr als eine Summe von Einzelheiten wie einst die Zellularpathologie Virchows. Das Schlagwort vom Zellenstaat genügt ihr nicht mehr, wenn sie die Wechselbeziehung zwischen den einzelnen Teilen betrachtet. Das Wesen der Organisation wird aber in der Krankheit als ein verändertes Gesamtverhalten gesehen, zu dem der Gesamtorganismus seine Einstellung findet."

Heute ist die ganzheitliche Auffassung alles lebendigen Geschehens und damit auch die *Leib-Seele-Geist-Einheit* des Menschen zwar beinahe schon zu einem Gemeinplatz geworden, aber in der Praxis der Ärzte wird sie noch immer viel zu wenig beachtet. Wenn z. B. in einer der größten Kliniken der Welt, der Mayo-Klinik in Rochester, festgestellt wird, daß mehr als die Hälfte aller Magengeschwüre psychogener Natur sei und ähnliche Ergebnisse sicher in jeder anderen Klinik zu erzielen sind, so sollte man meinen, daß nun auch jeder Arzt, an den sich ein Magenkranker wendet, den Kranken „ganzheitlich" behandelt und zumindest nach etwaigen seelischen Ursachen fragt. Wenn er dem Patienten auch nicht die Ursache seines Kummers, seiner Enttäuschung oder seiner Verärgerung nehmen kann, so sollte doch auch der Arzt die oft geradezu magische Kraft des Wortes nicht zu gering achten. Auch für ihn und damit für den Heilungsvorgang, den er einleiten und fördern soll, hat die Tiefenwirkung des *„Zuspruchs"* seine Bedeutung, die Goethe im Westöstlichen Diwan in die Worte kleidet:

„Wenn der schwer Gedrückte klagt,
Hilfe, Hoffnung sei versagt,
Bleibet heilsam fort und fort
Immer noch ein freundlich Wort."

Immer wieder einmal erfährt der Verfasser in seiner rhetorischen Unterweisungspraxis, wie notwendig es wäre, daß alle Ärzte den Grundsatz der Ganzheitlichkeit in ihrer Diagnose und Therapie anwenden würden. So kam im Frühjahr 1954 ein Mann von 52 Jahren zu ihm, der als Leiter eines wirtschaftlichen Unternehmens oft verpflichtet ist, frei zu sprechen, seit seiner Jugend aber an schweren Redehemmungen litt. Nach seinem Gesamtzustand befragt, erklärte er, daß er seit mehr als 20 Jahren sowohl bei Herzspezialisten wie bei Magenärzten in Behandlung sei und immer wieder sich dieser oder jener Kur zu unterziehen habe, um seine „nervösen Leiden" zu kurieren. Keiner der vielen Ärzte hatte auch nur den Versuch gemacht, den Patienten nach der eigentlichen Ursache seiner Neurose zu befragen. Sie bestand in nichts anderem als in einem Trauma, einer seelischen Verwundung, die er sich als siebzehnjähriger Schüler zugezogen hatte, als er in einer Mischung von Schuldgefühl und Angst mit rotem Kopf vor Lehrern und Mitschülern ins Stocken gekommen war. Von diesem Erlebnis hatte sich ihm über Jahrzehnte hin jedesmal, wenn er zu reden gezwungen war, unterbewußt der falsche Analogieschluß ergeben: da ich damals versagte, werde ich hier und jetzt auch versagen. Die Angst ging ihm dann wie vor vielen Jahren „in den Magen" und erregte sein Herz. Als ihm nach einigen Beratungen jener Komplex genommen war, konnte er nicht bloß vorbildlich sicher reden, sondern er behauptet auch, daß er keine Herz- und Magenbeschwerden mehr verspüre.

Auch die Halsärzte sollten mehr, als es heute noch geschieht, seelischen Ursachen nachgehen, in ihrem Falle den *Stimm- und Spracherkrankungen*. Sie sollten bedenken, daß ein seelischer Schock jemandem „die Stimme verschlagen" kann oder Ärger die Stimme „hoch" treibt, was oft chronische Entzündungen der Stimmlippen, vielleicht auch Stimmlippenknötchen zur Folge hat. Es genügt nicht, einem Phonasthetiker das Räuspern zu verbieten, seine Stimmlippen mit Jod zu pinseln oder ihm Arzneimittel zu verabreichen — man muß auch etwaige psychische Ursachen seines Leidens aufzudecken versuchen. Und daß alle ärztliche und übungstherapeutische Einwirkung auf einen *Stotterer* wirkungslos sein wird, wenn man nicht sein unterwertiges Geltungsbedürfnis anspricht und ihm einen etwaigen Minderwertigkeitskomplex auflöst, ist ja wohl heute auch ein Gemeinplatz geworden ...

Es ist zu begrüßen, daß angesehene Ärzte sich heute nicht scheuen, ihre Erkenntnisse von der Einwirkung seelischer Zustände auf körperliche Leiden in Hinblick auf ein vorbeugendes Verhalten der in Frage kommenden Menschen weiten Kreisen der Bevölkerung zugänglich zu machen. So wendet sich Prof. Dr. Graf vom Max Planck-Institut für Arbeitsphysiologie an die „Verantwortlichen" in der Wirtschaft, die in Gefahr sind, jenem Leiden zu erliegen, das man anfangs „Managerkrankheit" und nunmehr „*Abnützungskrankheit*" nennt. Er weist darauf hin, daß erst in den letzten Jahren Herz- und Kreislauferkrankungen als Todesursache an die erste Stelle gerückt seien, und erkennt, wie andere Ärzte auch, u. a. „Ärger, Sorge und ein zwangsartiges Streben durch angestrengte Arbeit voranzukommen" als wichtige Ursache (28). Auch Dr. K. Kaiser sieht als Ursachen der „Manager-Krankheit" „charakterlich bedingte Faktoren wie überschießende Aktivität und übertriebenen Ehrgeiz" an und meint, daß auch „psychische Überlastung durch unvernünftige Arbeitshetze, Konkurrenz-Angst, Angst vor der nachlassenden Leistungsfähigkeit und drohende Einbuße des erzielten Lebensstandards" zu schweren Erkrankungen hinführen können (33).

Es ist für den Verehrer der Goethe-Zeit eine besondere Genugtuung, feststellen zu können, daß die Naturforscher und Ärzte unserer Tage mit derartigen Feststellungen sich Erkenntnissen nähern, wie sie Goethes Freund, der große Arzt C. G. Carus, fand. Er sprach von einer „sich darleibenden Seele" und berief sich dabei auf Aristoteles, der die Seele als „die erste Wirklichkeit eines natürlichen, gegliederten Körpers“ ansah.

Carus stand auch in seiner Ganzheitsschau dem Freunde nahe. Wer sein sprachliches Ausdrucksvermögen fördern möchte, oder andere als Sprecherzieher zu unterweisen hat, mag sich daher den wichtigsten Grundsatz seiner Bemühungen beim großen Meister der Sprache selbst holen. Sollte er je in Gefahr sein, sich selbst oder seine Schüler zu einem sinnlos-mechanischen Lautbilden anstatt zu einem beseelten Sprechen zu erziehen, im Sprechakt nur „physiologische“ Vorgänge und damit den „Automatismus eines mechanischen Systems“ anzuerkennen, so erinnere er sich an Goethe-Worte, wie die folgenden, die uns als Richtungspfeiler unserer Methodik der Sprecherziehung wichtiger erscheinen als manche noch so wesentliche fachliche Untersuchung: „So ist immer eins um alles, alles um eins willen da, weil ja eben das Eine auch das Alles ist. — Natur hat weder Kern noch Schale, alles ist sie mit einem Male.“ Das dritte von uns anzuführende Bekenntnis Goethescher Ganzheitsschau sollte in den Sprechzimmern der Ärzte, die in Gefahr sind als „Spezialisten“ die Bedeutung der Leibseele zu übersehen, wie in den Schulstuben aufgezeigt sein, in denen Lehrer bei der Gedichtbetrachtung „Gehalt“ von „Gestalt“ trennen möchten. Nicht zuletzt warnt es den Sprecherzieher davor, seinen Bemühungen falsche Richtung zu geben. Es lautet:

„Müsset im Naturbetrachten
Immer eins wie alles achten;
Nichts ist drinnen, nichts ist draußen:
Denn was innen, das ist außen.“

Bewegung im Freien

Als eine weitere Ursache der „Manager-Krankheit“ sehen sowohl Prof. Graf wie Dr. Kaiser mangelnde Bewegung an frischer Luft an. Wer „Sport und Bewegung an frischer Luft“ betreibe und spazierenginge statt mit dem Auto zu fahren, beuge damit, weil er sich um genügende Sauerstoffversorgung der Zellen bemühe, schweren Erkrankungen vor, stellten überdies die Ärzte auf der 6. Deutschen Therapiewoche in Karlsruhe (1954) fest.

Wiederum können wir Aussprüche Goethes als Parallelen anführen, die uns für unsere *rhetorische Enthemmungslehre*, für die Lehre vom sicheren Auftreten wie für die ihr übergeordnete *Atemlehre* seit vielen Jahren von Bedeutung sind. So etwa die Bemerkung, die er Eckermann 1828 zusprach: „Die frische Luft des freien Feldes ist der eigentliche Ort, wo wir hingehören; es ist, als ob der Geist Gottes dort den Menschen unmittelbar anwehte und eine göttliche Kraft ihren Einfluß ausübte.“ Unter Hinweis auf Lord Byron meinte Goethe, daß aus der Bewegung in frischer Luft „produktiv machende Kräfte“ erwachsen. Er glaubte, daß der Körper den größten Einfluß auch auf die „geniale Produktivität“ habe und suchte sich selbst bis ins hohe Alter hinein mit Bewegung aller Art *elastisch und körperfroh* zu erhalten.

Wer auf andere Menschen mit dem gesprochenen Wort, also mit dem gelauteten Ausdruck seiner Gesamtpersönlichkeit erfolgreich einwirken möchte, hat die Pflicht, seinen Körper gesund und elastisch zu erhalten, soweit es nur in seiner Macht liegt. *Frische* ist ja doch, psychologisch gesehen, eine der Hauptursachen für den Erfolg eines Erziehers, eines werbenden Kaufmanns oder eines Versammlungsredners. Wer müde und matt spricht, kann sich nicht wundern, wenn sich niemand nach ihm richtet. Wie aber kann man sich immer wieder die zur sprecherischen Gestaltungsarbeit nötige Frische verschaffen? Zunächst und vor allem doch wohl in der „frischen Luft des freien Feldes“.

Hier wird auch die psychophysisch wichtigste Voraussetzung des Sprechens und Redens am besten geübt. Prof. Tirala weist darauf hin, daß jede Bewegung die Tiefatmung fördert: „Schon beim einfachen Gehen wird die Atemgröße auf das 2½fache vermehrt, beim ruhigen Bergsteigen auf das 4fache, beim starken Anstieg auf das 6fache, beim schnellen auf das 9- bis 13fache und beim Wettrudern auf das 20fache“. ... Die meisten Menschen in der Stadt aber führen eine sitzende Lebensweise ... Die Atemmuskeln werden viel zu wenig bewegt, und es stellen sich alle Folgen der verminderten Atmung ein“ (75).

Spannung und Entspannung

In seiner Untersuchung zur ganzheitlichen Begründung der Sprechkunde „Die Sprache als Lebenserscheinung“ (26) hat der Verfasser sich bemüht, nachzuweisen, daß die gelautete Sprache denselben Grundgesetzen untersteht wie das Leben schlechthin, da sie ja dessen Ausdruck ist. Wie z. B. der Herzmuskel in Systole und Diastole, die Lungen im Ein- und Ausatmen, so zeigt die Sprache im Wechsel von Spannung und Entspannung ein wichtiges Lebensgesetz auf: irgendwelche mehrsilbigen Worte — wie: geben, denken, Name — zeigen uns am Wechsel der Betonungsstufen auf, was die natürliche Polarität in dynamischer Hinsicht bedeutet. Genau so können wir es jemandem aber auch anhören, ob er die gesunde Spannung zur Verkrampfung oder die Entspannung zur Erschlaffung gesteigert hat.

Da aber das Sprechen ein Ganzheitsakt ist, darf man sich nicht damit begnügen, dem Verkrampften nur auf dem Wege über seine Stimm- und Sprechorgane seinen Fehler abzugewöhnen. Man muß vielmehr auf seine *Gesamtpersönlichkeit* einwirken. Uns sind in unseren rhetorischen Lehrgängen für Angehörige der Wirtschaft in den letzten Jahren zahlreiche Sprecher begegnet, die verkrampft oder mit Pressungen, übertriebener Lautstärke und unnatürlicher Stimmhöhe sprachen, deren Sprechmängel nahezu ausschließlich psychogen bedingt waren. Diese Anwärter auf die „Manager-Krankheit" konnten wir stimmlich-sprecherisch nur dadurch fördern, daß wir sie einmal, soweit es möglich war, psychagogisch beeinflußten, uns mit ihnen über Ursache und etwaige Abhilfe ihrer Bedrängnisse unterhielten und zum anderen — in die „frische Luft des freien Feldes" hinausführten. Hier nehmen wir mit ihnen, wie mit allen anderen Teilnehmern unserer Lehrgänge, körperliche Übungen vor, die ihnen den organisch wichtigen Wechsel von Spannung und Entspannung zum Erlebnis bringen und ihnen vor allem Wege zur Überwindung der Verkrampfungserscheinungen weisen. Wir behaupten nicht, Verkrampfungserscheinungen innerer Organe mit der Bodeschen Welle oder ähnlichen Entspannungsübungen vermindern zu können — ob dies möglich ist, vermag allein der Arzt zu entscheiden —, aber wir wissen von der synergistischen Verknüpfung aller Muskelgruppen sowie vom Gesetz des Drinnen und Draußen ...

Wer aber meinen sollte, daß körperliche Entspannungsübungen über die Grenzen rhetorischer Unterweisungen hinausreiche, den verweisen wir auf Cicero, den größten Rhetor der Antike. Er sieht im homo relaxus, im gelösten, entspannungsfähigen Menschen, die allein schöpferische Persönlichkeit, „der die Gedanken wie Blitze kommen". Die Entspannung zu erstreben, um sich

„*einfallsbereit*" zu machen, muß also auch als Ziel rhetorischer Bemühungen gelten, die sich auf das Gesamt der „Leibseele" eines Redebeflissenen erstrecken.

Wir lassen Entspannungsübungen im Liegen, Sitzen und im Stehen durchführen. Es ist jedem geistig Schaffenden zu empfehlen, in seine Arbeitszeit täglich einige Minuten der Entspannung einzuschieben. Es genügt jeweils eine Minute, in der er sitzend den Oberkörper soweit wie möglich entspannt, die Arme schlaff hängen läßt und seine Gedanken ausschaltet, um wieder neue Kräfte zu sammeln. In ähnlichen Situationen spricht man dabei das Wort „*Ruhe*" vor sich hin. Gelegentlich, etwa am Feierabend, vor dem Abendessen, sollte man im Entspannungszustand die Füße auf einen Schemel legen und einige Minuten sich dem Genuß der Ruhe hingeben. Dabei ist es ratsam, tief aus- und einzuatmen.

Vor Beginn der *morgendlichen Gymnastik*, die wir jedem Redebeflissenen empfehlen, soweit sie sein Gesundheitszustand zuläßt, stelle man sich aufrecht, doch ungezwungen auf, „mit lässigen Muskeln und abgeschirrtem Willen" (Nietzsche). Danach federn wir den Körper durch Kniewippen oder durch leichtes Springen am Orte ab. Auch Kniewippen in Verbindung mit Armschwingen vor- und rückwärts (leichtes Kniewippschwingen) ist zu empfehlen. Weitere Übungen findet man in des Verfassers Übungsbuch „Richtiges Deutschsprechen" (25) angegeben. Sie sind je nach Bedürfnis und Veranlagung zu ergänzen; zu warnen ist jedoch vor allen Gymnastiksystemen, die den natürlichen Wechsel von Spannung und Entspannung zu wenig beachten.

Es ist ein wenig erfreuliches Zeichen unseres technischen Zeitalters, daß heute die *sportliche Betätigung* arg vernachlässigt wird. Nach Feststellungen der Deutschen Olympischen Gesellschaft treiben nur 3 bis 4 % der Bevölkerung aktiv Leibesübungen in den Sportverbänden. Dabei kommen nach einer amtlichen Statistik 40% der deutschen Schulkinder bewegungsgehemmt zur Schule, weil insbesondere in den Städten durch die wachsende Verkehrs- und Wohndichte kein Raum mehr für eine gesunde Bewegungsentwicklung des Kindes vorhanden ist. Etwa 50% aller Schüler weisen Haltungsfehler auf, und das Hochschmal-Wachstum schreitet unaufhaltsam fort. Kann man sich dann wundern, wenn die Schulkinder, deren Atmung durch Haltungsfehler und Hochschmal-Wachstum äußerst ungünstig beeinflußt wird, auch im Sprechen immer schlechtere Leistungen aufweisen, nervös, hastig, laut und flüchtig sich äußern und das Gefühl für den Wert des ruhigen Verhaltens verlieren? Ist es erstaunlich, daß bei dem Mangel an Bewegung in der frischen Luft, dem daraus entstehenden Sauerstoffmangel und der allgemeinen „*Denaturierung*", wie man heute die immer weiter um sich greifende Entfremdung des Menschen von der Natur nennt, die Kinder immer mehr an Konzentrationsfähigkeit verlieren? Hier müßten die Schulen eingreifen, etwa indem sie das „*Pausenturnen*" im Schulhof wieder einführten, bei dem wenigstens zweimal am Vormittag Entspannungs- und Atemübungen vorgenommen werden könnten. Auch auf Spaziergängen und Wanderungen sollten weit mehr als es z. Z. geschieht, die Kinder zu gesunder Bewegung und Atmung angehalten werden.

Wohl ist jedes Sprechen ein Akt der Mit-teilung, des Sich-nach-außen-wendens. Aber gerade weil der Berufssprecher sich so viel „auszugeben" hat, muß er sich auch *Stunden der Besinnung* schaffen, Entspannungspausen der inneren Auffüllung und des Nachdenkens. „Die größten Ereignisse, das sind nicht unsere lautesten, sondern unsere stillsten Stunden", sagt Nietzsche einmal. Für den Berufssprecher ist damit gesagt, daß er sich Gelegenheiten verschaffen sollte, bei denen er das Gesetz der schöpferischen Polarität insofern beachtet, als er sich vom Sprechen zu anderen hin zum Hören auf sich selbst wendet, das Reden mit dem Schweigen, die Spannung mit der Entspannung vertauscht. Nichts ist für den Redner auf die Dauer schädlicher als der Mangel an Zeit zur Besinnung und zum Nachdenken.

Körperliche Verkrampfung hat immer auch seelische Verkrampfung im Gefolge oder als Ursache. Umgekehrt prägt sich Angst, Sorge, Minderwertigkeitsgefühl in muskulären Verkrampfungen aus. Der gehetzte Mensch unserer Tage, der sich nie recht eigentlich entspannt und selbst in seiner Freizeit am Steuer seines Wagens sich anspannt, wird der Gefahr der Dystonie von Jahr zu Jahr mehr ausgesetzt. Täglich, ja stündlich verpflichtet, in seinem Betrieb und darüber hinaus mit dem gesprochenen Wort auf andere einzuwirken, hat die Verkrampfung eine ständige Steigerung seiner *Sprechhast* zur Folge und damit zugleich auch — seiner nervösen Unruhe und Angst. Neben körperlichen sind seelische Entspannungsübungen in ruhigen Stunden des Für-sich-seins zur Förderung eines Sprechens, in dem man Ruhe und Überlegenheit ausdrückt, von größter Bedeutung. Sie führen zu Stunden des *Nachdenkens*, in denen der schöpferische Mensch Rück- und Vorschau halten sollte, um für sein Wirken Abstand und Überlegenheit zu gewinnen. Alle Stimm- und Sprechübungen sowie alle rhetorischen Anleitungen werden bei gehetzten Menschen wenig fruchten, wenn man sie nicht zu Besinnungspausen und zur sinngemäß durchgeführten Entspannung anhält. Deswegen gehört auch dieser Satz Nietzsches ins Merkbuch des Redebeflissenen: „Stilliegen und wenig denken ist das wohlfeilste Arzneimittel für alle Krankheiten der Seele und wird bei gutem Willen von Stunde zu Stunde seines Gebrauchs angenehmer."

Die positive Vorstellung

Der gehemmte Sprecher, vom „Lampenfieber" und der Angst vorm Steckenbleiben gepeinigt, wird sich in seinen „schöpferischen Pausen", in Verbindung mit Übungen im Tiefatmen, bestimmte Vorstellungen von sich selbst ausprägen. Wenn er nämlich der Meinung wäre, er könne seine Hemmnisse nur kraft seines Willens überwinden, wird er sehr bald enttäuscht sein. „Der Wille vermag kein Leben zu erwecken, das nicht da ist", sagt Gustav Richard Heyer; „Die Willensfunktion ist mit dem Steuer eines Segelbootes vergleichbar, das, vermittels Bremsung nur wirkt, wenn der Wind in die Segel drückt" (29).

Wer sich also in Stunden der Besinnung zusprechen würde: „von morgen an will ich nicht mehr stecken bleiben", würde falsch handeln, denn die Zwangsneurose, zu deren Erscheinungen die Redeangst meistens gehört, „scheitert an dem Versuch willensmäßiger Überwindung" (29).

Stärker als der Wille ist die Vorstellung. Das wußte Kant, wenn er „von der Macht des Gemütes" schreibt, „durch den bloßen Vorsatz seiner krankhaften Gefühle Herr zu werden". Wer sich vorstellt, er werde beim freien Reden bestimmt steckenbleiben, wird mit großer Wahrscheinlichkeit dem Zwang seiner Vorstellung erliegen. Wer aber über seine bisherigen Mißerfolge hinauskommen will, der muß die Kraft der positiven Vorstellung für sich in Anspruch nehmen. Im Sinne Coués sollte er in seinen Besinnungsstunden bei tiefer Atmung, im sinngemäßen Wechsel von Spannung und Entspannung, sofern er sich planmäßig um seine Enthemmung bemüht, vor sich hinsprechen: *„Ich fühle mich von Tag zu Tag sicherer und sicherer."* Sich der Versuchung zu entziehen, sich in eine Situation gedanklich zu verlieren, in der er einmal als Redner versagte, und jenes Versagen auf seine einmaligen, also nicht fortbestehenden Gründe zurückzuführen, ist eine der wichtigsten und auch schwierigsten Aufgaben des gehemmten Sprechers. Ist er Teilnehmer eines rhetorischen Lehrganges, so wird ihn dessen Leiter zunächst in einer „Persuasionstherapie" davon zu überzeugen suchen, daß sein Schluß von einem einmaligen Versagen auf eine schlechthin bestehende, womöglich organisch bedingte Unsicherheit unberechtigt ist. Danach wird er ihn zu einfachen Freisprechübungen anhalten, denen er gewachsen ist, damit die negativen durch positive Erinnerungsstützen in ihm abgelöst werden. In den Besinnungsstunden kann er sich dann vor sich selbst die Vorstellung des leistungsfähigen, sicheren Redners eindringlicher als sonst vor Augen halten.

Atemgymnastik

Der Sauerstoffmangel, den die Ärzte bei so vielen Menschen unserer Zeit feststellen, hat seinen Grund nicht ausschließlich darin, daß sie sich zu wenig in frischer Luft bewegen, sondern auch darin, daß sie in ihrer Lebenshast verlernten richtig zu atmen. Schon bei Schulkindern kann man beobachten, wie sie flüchtig und flach einatmen und die Hochatmung anwenden. Hierbei aber verstößt man gegen das *„ökonomische Prinzip"*, d. h. gegen den Grundsatz vom geringsten Kraftmaß, der genau so für die Lebensvorgänge des Atmens und Sprechens wie sonst in irgendwelchen Bereichen unseres Daseins, nicht zuletzt in der Technik und Wirtschaft, seine Bedeutung hat. Er ermahnt uns, immer zu versuchen, mit den geringstmöglichen Mitteln die größtmögliche Wirkung zu erzielen. Bei der *Hochatmung* stellt nun die verstärkte Hebung der Schultern eine unzweckmäßige Mitbewegung dar, die verhältnismäßig viel Muskelaufwand erfordert und dabei die geringste Sauerstoffmenge den Lungen zuführt, nämlich nach Ernst Barth (2) im Durchschnitt 2150 ccm bei Männern und 2000 ccm bei Frauen. Bei dem Atmungstyp dagegen, dem wir zustreben wollen, ergibt sich bei geringerem Muskelverbrauch bei Männern eine Vitalkapazität von 3960 ccm und bei Frauen von 2700 ccm.

Die Voraussetzung jeder Einatmungsart besteht darin, daß sich bei offenen Luftwegen, wie sie durch Mund und Nase sowie durch den Schlund, den Kehlkopf, die Luftröhre und die Bronchien gegeben sind, der Brustraum vergrößert. Diese Vergrößerung kann entweder dadurch erreicht werden, daß das Zwerchfell gesenkt wird, die Rippenringe sich erweitern oder aber beide Vorgänge miteinander in Erscheinung treten. Das eine Mal haben wir es mit der *Zwerchfellatmung* zu tun, im zweiten Fall spricht man von der *Flanken-Brustatmung*, und die dritte Atmungsart ist die *Zwerchfell-Flankenatmung*.

Der Atmungsvorgang ist zur Erhaltung des Lebens so wichtig, daß uns die Natur verschiedene Möglichkeiten gegeben hat, ihn durchzuführen. Sind wir unter bestimmten Voraussetzungen erkrankt, so können wir uns beim Einatmen auf die eine oder andere Muskelgruppe beschränken. Der gesunde Mensch aber hat die Pflicht, keine der beiden Gruppen zu vernachlässigen, sondern beide anzuwenden. Dabei sind wir uns klar darüber, daß der menschliche Körper keine Summe einzelner voneinander getrennter und für sich bestehender Muskelgruppen darstellt, sondern, wie es überall in der Natur geschieht, vom Prinzip des „Eines und Alles" bestimmt ist. Einen völlig „ungemischten" Atemtypus gibt es nicht, nur eben Vorgänge beim Atmen, bei denen die eine oder die andere Muskelgruppe überwiegend in Tätigkeit tritt.

Die Zwerchfell-Flankenatmung ist diejenige Atmungsart, die von Ärzten wie von Stimmbildnern und Sprecherziehern fast durchwegs als die gesunde Atmung schlechthin und überdies als die für den Sprechakt zweckmäßigste angesehen wird. Wenn man sie anwendet, wird die Bauchwand nicht, wie bei der Brustatmung, eingezogen, sondern nach vorne gewölbt, und zwar deshalb, weil sich das Zwerchfell zusammenzieht und senkt. Weiterhin dehnen sich die Flanken seitlich aus, so daß auch die Rückenmuskulatur in Anspruch genommen wird. Der tiefste Teil des Unterleibes wird in der letzten Phase der tiefen Einatmung etwas eingezogen, wenigstens dann, wenn man übungsmäßig die Zwerchfell-Flankenatmung anwendet.

Wie notwendig es ist, von Zeit zu Zeit Atemübungen vorzunehmen oder wenigstens ein paarmal tief zu „schnaufen", erhellt u. a. daraus, daß wir bei der ruhigen Durchschnittsatmung lediglich 500 ccm Luft aufnehmen, die man *„Atemluft"* nennt. Wenn wir nach der gewöhnlichen Einatmung noch vertieft einatmen und *„Ergänzungsluft"* aufnehmen, so ergeben sich zusätzlich etwa 1500 ccm, also das Dreifache der „Atemluft".

Fast noch wichtiger als Übungen im tiefen Einatmen sind die Übungen, die wir zur „Reinigung" der Lungen und aus stimmhygienischen Gründen sowie zur Förderung des „flüssigen" Sprechens vorzunehmen haben. „Atemnot" etwa bei Asthmatikern hat ihren Grund oft nicht darin, daß man zu wenig Luft einatmet, sondern daß man die *Ausatmung* vernachlässigt. Der Spirometer überzeugt uns davon, daß wir „nach einer ruhigen, mühelosen Ausatmung" etwa 1500 ccm Luft ausgeben können (2).

„Nichts ist drinnen, nichts ist draußen, denn was innen, das ist außen": die Mahnung Goethes muß uns auch im Gedächtnis sein, bevor wir Atemübungen vornehmen. Das griechische Wort Pneuma heißt sowohl Atem wie Geist. Gott „hauchte" den Menschen nach den

Worten der Bibel die Seele ein. Die Inder nannten den Atem den *„großen Regler aller Dinge"*, und auf Buddha geht das Wort zurück: „So du zerstreut bist, lerne auf den Atem achten." Wenn wir Menschen der westlichen Unruhe uns auch nicht zu Yoga-Übungen anhalten können, so sollten wir doch von den Indern lernen, daß Steigerung der *Konzentrationsfähigkeit* in erster Linie mit Atemübungen zu erreichen ist. „Der Schüler soll seine Zerstreutheit bekämpfen", heißt es in einer indischen Yoga-Anleitung, „indem er bewußt seinen Atem ausstößt und einzieht. Das Ausstoßen besteht in einem langsamen, aber vollständigen Ausatmen. Das Halten in einem Anhalten der Luft bei geschlossenem Munde ... auf diese Weise bewirkt die Regelung des Atems, in Ausatmen, Atemhalten und Einatmen gedacht, Geistesruhe und Konzentration auf eine einzige Richtung" (nach 62). Auch wir heutigen Menschen des Westens können sehr wohl an uns feststellen, wenn wir uns sinngemäß im Aus- und Einatmen üben, wie dadurch Ruhe in uns strömt und die Konzentrationsfähigkeit günstig beeinflußt wird. Wir werden deshalb, aber nur im Liegen und im Sitzen, Atemübungen auch in unsern Besinnungsstunden vornehmen.

Wenn wir am Morgen, vor dem Frühstück am offenen Fenster oder im Freien, am besten natürlich so wenig wie möglich bekleidet, zu Atemübungen bereit sind, dann wollen wir nicht unsern Körper „trainieren", sondern auf unsere *„Leibseele"* günstig einwirken. Dabei dürfen wir nicht gehetzt sein, sondern wir schalten die Gedanken an den „Drang der Geschäfte" völlig aus und geben uns ganz dem Genuß des Atmens hin. Buddha mag uns wiederum zur Seite stehen, wenn er sagt: „Gewissenhaft mußt du Ein- und Ausatmung üben; Ein- und Ausatmung, bedachtsam geübt und gepflegt, läßt hohen Lohn und große Förderung erlangen ... In heiterer

Stimmung will ich einatmen, ausatmen, so übt sich der Schüler; in seliger Stimmung will er einatmen, ausatmen, so übt er sich; die Gedanken ermunternd, einigend, lösend will ich einatmen, ausatmen ...“

Zwanglos stellen wir uns auf, wobei die Last des Oberkörpers auf den Fußballen ruht und der Oberkörper sich leicht nach vorne neigt. Während wir nun kräftig ausatmen, entspannt sich der Oberkörper, indem er sich senkt, und die Arme hängen schlaff herunter. Die Knie beugen sich leicht. Danach bleiben wir etwa 5 Sekunden in dieser Stellung der „demütigen“ Haltung, bevor die Einatmung beginnt. Beim Ausatmen dachten wir an Platens Wort „Atme den Feind aus der Brust!“

Danach beginnt ein *„duftsaugendes Atemschöpfen“*. Wir freuen uns dabei des Bewußtseins, mit dem Einatmen gleichsam des Kosmos teilhaftig zu werden, „Atman“ in uns aufzunehmen, die Weltseele, die sich im Atmen mit unserer Leibseele vermählt. Ein andermal mögen beim Einatmen im Freien Goethes Worte in uns anklingen: „Und frische Nahrung, neues Blut saug' ich aus freier Welt.“ So beseelen sich unsere Übungen. Sie werden damit nicht nur unsern Zellen vermehrten Sauerstoff zuführen, sondern sich auch günstig für unsere Disposition als Sprecher und Redner auswirken.

Wir führen beim Atemschöpfen „von den lockeren Knien aus eine in die Hüfte fortgeführte, wellenförmige Streckbewegung“ (25) durch, bei der sich die Arme zwanglos mitbewegen. Während wir uns in dieser Art allmählich aufrichten, strömt die Atemluft in uns ein. Wie nach der Ausatmung lassen wir auch nach der Einatmung eine kurze Pause eintreten. Wir können sie gelegentlich mit einigen gymnastischen Bewegungen wie mit Kniewippschwingen, mit Boxstößen nach vorne oder andern Bewegungen ausfüllen.

Für das Atmen im *Liegen* geben wir in „Richtiges Deutschsprechen“ (25) folgende Anleitung: „In der Rückenlage bei leicht angezogenen Beinen ausatmen, kurze Pause, duftsaugend Atem schöpfen (Zwerchfell-Flankenbewegung), 5—10 Sekunden lang Atem anhalten, langsam-gleichmäßig und ‚behaglich‘ ausatmen, kurze Pause, einatmen. Bis zu zehnmal wiederholen, am besten abends vor dem Einschlafen und morgens nach dem Erwachen.“ Wem es zutunlich ist, dem empfehlen wir, diese Übung gelegentlich auch so auszuführen, daß die Füße etwa 30 bis 40 Zentimeter höher liegen als der Kopf. Vor allem aber sollte sie zur *Entspannung* von nervösen Sprechern regelmäßig durchgeführt werden.

Eine weitere Grundübung veranlaßt unsere Lehrgangsteilnehmer, sich auf einen flachen Stuhl zu *setzen*, wobei das Schwergewicht auf beide Sitzknochen zu verteilen ist. Die Arme sind zu entspannen, und die Hände ruhen zwanglos auf den Oberschenkeln oder der Tischplatte. Während man ausatmet, senkt sich der Oberkörper mit Kopf, Hals und Rumpf allmählich. Nach kurzer Pause beginnt die Einatmung mit Vorwölbung der Bauchdecke, und allmählich richtet sich der Oberkörper bis zur Geradhalte auf.

Schließlich können wir übungsmäßig-bewußt auch im *Gehen* atmen. Wir nehmen hierbei dieselben Bewegungen wie im Stehen vor, nur in geringerem Ausmaß. Bewegen wir uns auf der Straße oder auf den Kieswegen des Stadtparks vor Leuten, an deren Neugierde uns nichts gelegen ist, so wird das Vorbeugen des Oberkörpers nur einige Zentimeter betragen. Die Bewegung des Zwerchfells und der Flanken sowie das Anhalten und tiefe Ausatmen können wir deshalb auf der Straße genau so wie am Morgen in unserm Garten, auf dem Sportplatz oder im Freibad durchführen.

Die Sprechatmung

Physiologisch-physikalisch gesehen ist Sprechen im Grunde nichts anderes als tönender Atem. Weise und sparsam wie sie ist, läßt die Natur die ihres Sauerstoffs beraubte Luft auf ihrem Wege von den Lungen nach außen gleichsam nebenbei im Kehlkopf die Stimme erzeugen. Für den Sprecher und Redner kommt es nun darauf an, die kosto-abdominal aufgenommene Luftmenge ökonomisch zu verwenden und sich nicht, wie viele deutsche Redner es tun, als *„phonatorischer Luftverschwender"* zu erweisen. Wir verstehen darunter einen Redner, der „seinen Atemstrom nicht beherrscht, sondern ihm beständig nachläuft". Nach jedem dritten Wort muß er „nach Luft schnappen", so daß er außerstande ist, sinngemäß einen Satz zu betonen und ihn als ein untrennbares Ganzes wiederzugeben. Er spricht staccato statt legato und verwendet dabei ungewöhnlich viel Kraft. Nach wenigen Minuten schon fängt er an sich zu räuspern, und bald danach greift er zum Taschentuch, um sich die Schweißperlen von der Stirne zu wischen.

Es kommt uns also darauf an, den Ausatmungsstrom zu verlängern, während wir während des Sprechens die Einatmungsstrecke kürzer halten müssen im Rahmen unserer Übungen. Übungsmäßig atmen wir im Liegen, Sitzen oder Stehen wie bisher aus und ein. Danach dehnen wir den Ausatmungsstrom auf eine Dauer von fünf, später zehn Sekunden aus und lassen dabei ein stimmhaftes s ertönen. Auch ein w, m oder n können wir bilden, während wir ausatmen. In einer weiteren Übung atmen wir an- und abschwellend in zwei bis sechs Wellenbewegungen aus, immer mit dem Gefühl der Atemstütze. Hierunter verstehen wir das Gefühl, das uns, zumal von den Flanken her, über die allmählich nachlassende Spannung der Einatmungsmuskulatur während der tönenden Ausatmung unterrichtet und dadurch in den Stand setzt, anfangs bewußt, später unbewußt den Atemverbrauch zu regeln (2). Je länger wir die angegebenen Übungen durchführen, um so deutlicher kommt uns die *„Atemstütze"* zum Bewußtsein. Ihren praktischen Nutzen erfahren wir, wenn wir nach den Übungen auf einem Laut Sätze in den Ausatmungsstrom stellen. Zunächst sprechen wir in einem Zuge kurze Sätze wie: „Der Geist weht, wo er will. — Das Bleibende im Wechsel ist der Atem. — Schlecht atmen ist der Tod aller Kräfte, gut atmen konzentriert die Kräfte." — Wir achten darauf, daß wir auch bei längeren Sätzen zwischen den Worten nicht Luft einziehen, sondern in einem Flusse sprechen: „Der Reinen Atem geht tief und schwer, der Unreinen Atem ist flach und sitzt in der Kehle (Tschuang-Tse). — Du flehst eratmend mich zu schauen, meine Stimme zu hören, mein Antlitz zu sehn (Goethe, Faust). — Der Mensch vermag keine Kräfte zu schaffen, sondern nur die einzig und allein bestehende Kraft, die alle übrigen in sich begreift, nämlich die Bewegung, anzuwenden, den Atem des höchsten Schöpfers der Welten (Balzac)."

Noch einen Schritt weiter in der Fähigkeit des ökonomischen Ausatmens gehen wir, wenn wir die folgenden Verse Goethes aus dem West-östlichen Diwan zunächst mit einer Atempause nach dem dritten Verse, dann aber in einem Flusse lesen. Allerdings sei diese Übung nur jemandem gestattet, dem sie keine Beschwerden verursacht. Atmen soll erfreuen, nicht anstrengen: wir vermeiden alles, was in blindem Eifer zu Verkrampfungen führen könnte. Die Verse lauten:

„Im Atemholen sind zweierlei Gnaden:
Die Luft einziehen, sich ihrer entladen.
Jenes bedrängt, dieses erfrischt;
So wunderbar ist das Leben gemischt.
Du, danke Gott, wenn er dich preßt,
Und dank ihm, wenn er dich wieder entläßt."

Die Stimmeinsätze

Während wir summend ausatmeten, konnten wir beobachten, wie am Kehlkopf eine Vibration eintrat. Wenn wir bei der Bildung eines stimmhaften s zwei Finger an den Kehlkopf legen, können wir sie feststellen. Es entsteht dadurch ein Stimmton, daß der Ausatmungsstrom, nachdem er die Bronchien und die Luftröhre durchstrich, die Stimmlippen im Kehlkopf zum Schwingen bringt.

Wir können dem Stimmton einen Hauchlaut vorausgehen und die Stimmritze sich danach verengen lassen. Aus diesem Zustand der leicht geöffneten Stimmritze entsteht der *weiche* Stimmeinsatz. Im Gegensatz zu ihm gibt es den *harten* Stimmeinsatz, auch Sprengeinsatz genannt. Hierbei hat sich vor Entstehung des Stimmtons die Glottis geschlossen. Die Luft staut sich kurz vor dem Verschluß an und sprengt ihn dann unter Entstehung eines Knackgeräuschs.

Der Sprengeinsatz gehört keinesfalls, wie der norddeutsche Laiensprecher es glaubt, zum Wesen unserer gelauteten Sprache. Er gilt „offiziell", d. h. nach der Siebsschen Regelung, nicht als gemeinhin deutsch, sondern als mundartlich bedingt, wenigstens in der Härte, wie sie in nieder- und ostdeutschen Gegenden wahrgenommen wird. Besonders der Berufssprecher sollte sich den gewohnheitsmäßigen Gebrauch des Sprengeinsatzes unter allen Umständen abgewöhnen, da er leicht die Ursache von Erkrankungen wie chronischer *Stimmschwäche* und *Heiserkeit* und vor allem der Grund von *Redner- oder Sängerknötchen* an den Stimmlippen sein kann. Außerdem trägt der Sprengeinsatz nur selten zur Förderung des Hörerkontaktes bei. Er wirkt eher abweisend als verbindlich, kalt statt warm und hat unserer Sprache außerhalb unserer Grenzen nicht immer Sympathien eingebracht. Wohl werden wir nicht auf ihn verzichten können, aber wir sollten ihn auf Sprechsituationen beschränken, denen er angemessen ist, und ihn nur als „Unlusteinsatz" (Gutzmann) gebrauchen. Er mag ertönen, wenn wir uns ärgern, unserm Mißfallen Ausdruck geben, jemanden angreifen oder zurückweisen und in ähnlichen Lagen unlustbetonten Empfindens und Verhaltens. Wie er abzuüben ist, ergibt sich aus Hinweisen in unserm sprechkundlichen Übungsbuch „Richtiges Deutschsprechen" (25). Dort findet der Leser auch eine Reihe von Satzbeispielen, die er mit weichem Einsatz zu bilden hat, wie etwa die folgenden: „Das Du ist älter als das Ich. — In uns ist alles (Hölderlin). — Was du ererbt von deinen Vätern hast, erwirb es, um es zu besitzen (Goethe)."

Wie der Sprengeinsatz, der sich im Norden unseres Vaterlandes deutlicher und häufiger zeigt als im Süden, ist im Bereich der Hochsprache die süddeutsche Angewohnheit zu vermeiden, den Auslaut eines Wortes mit dem vokalischen Anlaut des nächsten Wortes zu verbinden, also Wortfolgen wie „eine angenehme Unterhaltung" oder „eine andere Angelegenheit", „wie oben", „Tristan und Isolde", „am Abend erwartet er uns" in einer Folge, ohne Absätze zu sprechen. Hierin unterscheidet sich das Deutsche vom Englischen wie von den romanischen Sprachen, die dem Sprecher mehr „Verbindlichkeiten" gestatten, als sie das Deutsche zuläßt.

Die ausdrucksreiche Stimme

Der Laiensprecher ist oft in Gefahr, anzunehmen, daß er dann, wenn er verständlich sein soll, unter allen Umständen mit großer Stimmstärke zu sprechen habe. Lautheit und Deutlichkeit sind aber keinesfalls identische Begriffe. Wenn wir Laute nicht deutlich bilden, wenn wir knödeln, pressen, Endungssilben verschlucken, die Lippen nicht genügend regen und den Unterkiefer zu wenig bewegen, werden wir uns auch bei größtem Aufgebot an Stimmstärke vergeblich bemühen, den Hörern verständlich zu werden.

Um dieses Ziel zu erreichen, gilt es zunächst vom Redner- oder Vortragspult her grundsätzlich *langsamer* zu sprechen, als man es sonst gewohnt sein mag. Man lasse die Stimme *„ausklingen"* und beachte die *Pausen*, in denen man nach jedem Satze die für die sinngemäße Betonung notwendige Luftmenge aufnimmt. Weiterhin bedenke man, daß das Gesetz der Steigerung auch in *dynamischer* Hinsicht gilt: wer mit einem *Forte* beginnt, verwöhnt gleichsam das Ohr seiner Hörer und nimmt sich die Möglichkeit, wirklich Wichtiges später durch Erhöhung der Stimmstärke zu besonderem Eindruck zu bringen, wobei wir jedoch nicht übersehen wollen, daß es auch eine Steigerung ins *Piano* gibt. Das Wesentliche für die Wirkung der Stimme ist eben nicht der Ausdruck, der einem Laut oder auch einem Satze zukommt, sondern das Verhältnis der stimmlichen Ausdrücke zueinander. Es gibt in der sinnhaft geäußerten Sprache keine „aktuellen Akzente", sprunghafte Betonungen, und das Wort „Natura saltum non amat" (die Natur liebt den Sprung nicht) gilt für sie wie für irgendwelche anderen Lebenserscheinungen.

Der Redebeflissene, der die Neigung hat, zu *„eintönig"* zu sprechen, und sich damit schwer tut, seinen Hörern verständlich zu werden, übe sich zunächst darin, wichtige Wörter im Satze von weniger wichtigen und unwichtigen durch dynamische Unterschiede zu unterscheiden. Er nehme sich die Übung 167 unserer Schrift „Richtiges Deutschsprechen" (25) vor und spreche „Sätze und Gegensätze" in sinngemäßer Unterscheidung der zu betonenden und der betonungsschwachen oder unbetonten Wörter. Später gehe er zu anderen, vielleicht für einen Vortrag geeigneten Texten über, unterstreiche sich die jeweils wichtigsten Wörter mit Rotstift und hebe sie dann beim Vorlesen hervor.

Wer sich auf diese Weise in der Anwendung der *Stärkeakzente* übt, wird feststellen, daß seine Stimme allmählich auch Veränderungen im Hinblick auf ihre *Höhe* erfährt. Was stark betont wird, spricht man im allgemeinen höher als das schwach Betonte, wenn wir von Ausnahmen im süddeutschen Sprachgebiet absehen, bei denen wir bei stark betonten Silben ein Abgleiten der Stimme nach unten beobachten können. Ein großer Raum oder ein Sprechen im Freien bedingt — falls man nicht ein Mikrophon vor sich stehen hat — eine größere Abweichung vom Normalsprechton, als wenn man in kleinerem Raume zu sprechen hat. Sind wir erregt, steigt die Stimme nach oben, gleichgültig, ob wir uns ärgern oder freuen, jemanden aufrufen, zurechtweisen oder antreiben wie in diesen Sätzen: „Laß mich doch endlich in Ruhe! — Es ist eine Lust zu leben! (Hutten) — O Erd, o Sonne, o Glück, o Lust! (Goethe) — Freude, schöner Götterfunken, Tochter aus Elysium, wir betreten feuertrunken, Himmlische, dein Heiligtum . . .! (Schiller) — Ergebet euch mit freiem Herzen der jugendlichen Fröhlichkeit . . . (Hagedorn)."

„In der Kultsprache ist allem Anreden an die Gottheit die tiefere Stimmlage eigen, die auch die feierlichere ist", stellt Friedrich Kainz (32) fest. Überdies werden wir dann, wenn wir bedrückt, traurig oder betrübt sind, aber auch wenn wir uns müde und abgespannt fühlen, in tieferer Lage sprechen als in gegenteiligen Gemütszuständen. Im Anschluß an die Beispiele für die hohe Lage spreche man die folgenden Sätze an der unteren Grenze seines Stimmumfangs: „Wir Toten, wir Toten sind größere Heere als ihr auf der Erde, als ihr auf dem Meere (C.F.Meyer). — Oh, schaurig ist's, übers Moor zu gehn, wenn das Röhricht knistert im Hauche! (Droste-Hülshoff). — Aus tiefer Not schrei ich zu dir, Herr Gott, erhör mein Rufen! (Luther)"

Bewußte Stimmführung

Leider sind wir nicht immer in der Stimmung, die dem Anlaß und dem Ziel unserer Aufgabe als Sprecher entspricht. Wie oft kommt es vor, daß z. B. ein Vorgesetzter, ohne es zu wollen und zu wissen, seinem Mitarbeiter gegenüber in seiner Stimme einer *Verärgerung* Ausdruck gibt, die mit der hier und jetzt gegebenen Sprechsituation nicht das geringste zu tun hat! Der Verfasser gibt deshalb in seiner Schrift „Geschäftliche Verhandlungspraxis" (23) den Rat, man solle „seine Stimme so führen, wie es dem gegebenen Anlaß und dem Zweck der Aussprache entspricht", und er weist darauf hin, daß sich viele Menschen in leitender Stellung „einen guten Teil ihrer Erfolge lediglich deswegen verpatzen, weil sie sich im Gebrauch ihrer Stimme zum Sklaven ihrer Stimmung machen und sich nie bewußt werden, wie stark die Wirkung einer richtig geführten Stimme sein kann". Kraft seines Willens und in Kenntnis der Veränderungsmöglichkeiten der Stimme und ihrer psychologischen Wirkungen ist der Mensch imstande, sich, wenn er zu anderen spricht, von der Gefahr zu befreien, ein Opfer irgendwelcher Verstimmungen zu werden, ohne daß er deshalb in unehrliche Schauspielerei verfallen müßte. Sprechen ist ein sozialer Akt. Es erlaubt infolgedessen nicht, wenn es recht vonstatten geht, daß sich einer, der einem andern zusprechen will, „gehen läßt", also ohne Rücksicht auf den Hörer und die hier und jetzt gegebene Sprechlage daherredet und seine etwaigen Verstimmungen an dem ersten besten, der ihm begegnet, abreagiert.

Sprechen erfordert vielmehr so viel *Selbstdisziplin*, daß man sich dem Ort, der Zeit und der Sprechlage, in die man gestellt ist, anzupassen und auf sie Rücksicht zu nehmen hat. Man hat also, wenn man außerhalb der Erlebnissphäre spricht, die eine Verstimmung auslöste, seine Stimme so zu führen, daß der Gesprächspartner hiervon nichts spürt, d. h. man lenkt seinen Willen darauf, die Stimme so zu führen, daß sie, wie es der Partner erwartet, freundlich und höflich anklinge.

Der Stimme ist eine starke *Suggestionskraft* eigen. Davon weiß der Arzt, der dem Kranken den Glauben an seine Genesung oder die Zuversicht einem Heilmittel gegenüber zuspricht wie der Lehrer, der „eindringlich" zu sprechen versteht oder jeder Versammlungsredner, der seine Stimmittel beherrscht und bewußt in den Dienst seiner Überzeugung zu stellen weiß. Von dem französischen Schauspieler Talma erzählt man sich, daß er imstande war, lediglich mit dem Hersagen des ABCs seine Hörer zum Lachen und zum Weinen zu bringen. Mögen wir hierin eine Übertreibung sehen, Tatsache ist es, daß der Ton, in dem jemand angesprochen wird, für sein Verhalten oft ebenso wichtig ist wie das, was ihm gesagt wird. Kein Geringerer als Kant wußte um die große Suggestionskraft der Stimme und ihre Wirkung für das Verhältnis der Menschen zueinander. Er meinte, daß die Gewöhnung an freundliche Äußerungen allmählich auch den Mürrischen zum Liebenswürdigen wandle. Und Friedrich Nietzsche hatte erfahren, daß „die Gewohnheit an bestimmte Klänge tief an den Charakter greift: man hat bald die Worte und Wendungen und schließlich auch die Gedanken, welche eben zu diesem Klange passen."

Auch das Sprichwort „Wie man in den Wald hineinruft, so schallt's zurück", erinnert an die Wechselwirkung, die zwischen der Stimme und dem Verhalten des Angesprochenen besteht.

Wie auf den *Hörer* wirkt sich die Stimme in ihrer jeweiligen Klangfarbe auch auf den *Sprecher* selbst aus. Wenn man ihr den Ausdruck der Freude verleiht, so wird man allmählich auch Freude empfinden, selbst wenn man vorher in gegenteiliger Stimmung war. Fühlt man sich als Redner vor seinem Auftreten müde, so gibt es kein besseres Mittel, sich die notwendige Frische zu verschaffen, als wenn man sich, nach einigen tiefen Atemzügen, dazu veranlaßt, in etwas höherer und gespannterer Stimme zu beginnen, als man sie gebrauchen würde, wenn man seiner Müdigkeit nachgäbe.

Mundart und Hochsprache

Da wir uns in unserm Ausdruck der jeweiligen Sprechsituation anzupassen haben, werden wir auch Unterschiede in unserer *Aussprache* aufweisen. Unterhalten wir uns mit einem einfachen Menschen unserer Heimat, so können wir unbedenklich die gemeinsame Mundart anwenden. Stellen wir für ihn allerdings als Lehrer, Pfarrer, Richter, Arzt oder Beamter eine *Autorität* dar, so werden wir in einem solchen Falle wohl auch mundartliche Färbungen aufweisen, aber unsere Aussprache nähert sich doch mehr oder minder den Normen der Hochsprache. Noch weniger mundartliche Anklänge werden wir, auch im heimischen Gebiet, vom *Rednerpult* oder von der *Kanzel* her aufweisen: auch der einfache Hörer unserer Heimat möchte hier und dort nicht in seiner „Alltagsaussprache", sondern in einer Sprache angesprochen sein, die er auf der Schule als das „bessere" Deutsch oder die „Schriftsprache" kennenlernte.

Wenn jemand nun außerhalb seiner Heimat in einem Beruf tätig ist, in dem er viel zu sprechen hat, so kann das Verhältnis „Mundart und Hochsprache" geradezu für seinen *beruflichen Erfolg* von beträchtlicher Bedeutung werden. Kommt er etwa von Hamburg, Berlin oder Leipzig nach Süddeutschland und beherrscht er nur seine heimische Mundart, so könnte er in seinem Bestreben, mit den Menschen seines neuen Wirkungskreises möglichst rasch in persönliche Fühlung zu kommen, in Schwierigkeiten geraten. Man würde z. B. den Gruß „Guten Tách", mit dem ein Geschäftsreisender seinen Kunden begrüßen mag, in Schwaben oder Oberbayern als kalt, ja unter Umständen sogar als überheblich empfinden. Ein „Leipzicher" dagegen, der sich außerhalb Sachsens um eine Stellung als Vorgesetzter bewirbt, würde vielleicht abgelehnt werden, weil er bei den Arbeitern eines Betriebes, der seiner Heimat weit entfernt ist, in seiner Aussprache lächerlich wirkt und damit nicht die Autorität findet, die er haben müßte, um sich als Vorgesetzter Achtung zu verschaffen.

Aus diesen Beispielen, die wir nach unsern Erfahrungen leicht ergänzen könnten, ergibt es sich, daß eine *Kultur der Aussprache* keinesfalls ein Bemühen sein dürfte, das nur den Schauspieler oder allenfalls noch den Redner im Vortragssaal angeht, sondern jeden, der mit dem gesprochenen Wort über das Durchschnittsmaß des Alltagsgesprächs hinaus zu wirken hat. Es ergibt sich hieraus für die *Schulen* die Pflicht, der gemeindeutschen Aussprache mehr Aufmerksamkeit im Unterricht aller Klassen zu widmen, als es im allgemeinen geschieht. Wohl soll in allen Gegenden unseres Vaterlandes die jeweilige Mundart als der Urquell der Sprache und die Sprache der Heimat gepflegt werden. Wie aber über der Heimat das Vaterland steht, müssen die Kinder neben schwäbisch, oberbayrisch, fränkisch oder westfälisch auch deutsch schlechthin lernen und frühzeitig erfahren, worin die jeweiligen Unterschiede zwischen ihrer Mundart und der Hochsprache bestehen. Diese Aufgabe der Schulen aller Gattungen ist seit 1945 insofern an Bedeutung gestiegen, als sich ja durch die Millionen von Heimatvertriebenen, die seitdem zu uns kamen, eine wesentliche Veränderung auch des sprachlichen Gefüges in Deutschland ergeben hat.

Die Deutschen in aller Welt sind in der Lage, genau angeben zu können, welche Ausspracheeigentümlichkeiten als mundartlich und welche als mundartfrei anzusehen sind. Bereits im Jahre 1898 wurde von Theodor Siebs eine Regelung der „Deutschen Bühnenaussprache" veranlaßt. Hierbei wurden keine neuen Ausspracheregeln angeordnet, sondern es wurde lediglich „der bestehende Gebrauch festgestellt". Dem von Siebs herausgegebenen Buche lag „die unbeeinflußte tatsächliche Bühnenaussprache guter Schauspieler zu Grunde" (68). Mit dem, was der Laie „Schriftsprache" nennt, ist die mundartfreie Aussprache keinesfalls gleichzusetzen. Wohl dürfen wir im Deutschen nie ein a wie ein e oder o, ein t oder p nie wie ein d oder b aussprechen, aber für ei wird ae, für au ao gelautet, und das h bleibt als Dehnungszeichen stumm. Ferner ist ein v dem f völlig gleichzusetzen, und die Lautverbindungen st sowie sp werden im Anlaut mit sch und nicht mit s gebildet.

Seit mehr als 20 Jahren ist der *„Siebs"* in Deutschland wie in der Schweiz, in Österreich und wo sonst immer in der Welt die deutsche Sprache gelehrt wird, auch für die *Schulen*, den *Rundfunk*, den *Fernmeldedienst* und den *Tonfilm* als richtunggebend anerkannt, und der Begriff „Bühnenaussprache" hat sich immer deutlicher in *„Hochsprache"* gewandelt. Um einer Veraltung der Regeln vorzubeugen, findet sich von Zeit zu Zeit ein „Beraterausschuß für die deutsche Hochsprache" zusammen, der über etwa notwendige Änderung am Siebs-Werk gemeinsam mit den Herausgebern Beschlüsse faßt, die bei der nächsten Auflage des Buches berücksichtigt werden. Der Verfasser gehörte dem „Siebs-Ausschuß“ 1933 wie auch 1953/54 an. Er konnte deshalb in seinem Übungsbuch „Richtiges Deutschsprechen“ (25) neben allen anderen auch die 1933 aufgestellten Siebs-Regeln berücksichtigen. Die erst kürzlich vorgenommenen, unbedeutenden Veränderungen an den Aussprachereg eln sind z. Z. noch nicht veröffentlicht.

Die Vokale

Es liegt auf der Hand, daß sich der Sprecher in der heimatgebundenen Mundart zuweilen Lässigkeiten erlaubt, die im Bereich der Hochsprache nicht statthaft sind. So hat er, wenn er „lautrein“ sprechen will, mehr als sonst die *Lippen* und den *Unterkiefer* zu bewegen. Die *Zunge* darf er nicht zurückziehen, sondern sie soll die Tendenz haben, sich nach vorn zu bewegen. „Knödeln“ hat seinen Grund darin, daß man den Zungengrund gegen die Rachenwand drückt und damit den tönenden Ausatmungsstrom einengt.

Für die Bildung der *Vokale* ist jeweils die Gesamtveränderung des Ansatzrohres wichtig, d. h. die durch die Lippen, die Zunge und den Unterkiefer bedingten Gestaltsverhältnisse der Mundhöhle. Streng zu unterscheiden ist zwischen langen und kurzen Vokalen. Es ist ebenso als Dialekt anzusehen, wenn man das a in Worten wie Tag oder Jagd kurz bildet, als wenn man die Vorsilben an-, un- oder die Wörtchen das, was, weg und von in die Länge zieht.

Beim a soll die Zunge löffelförmig im Munde liegen. Schaut man bei seiner Bildung in den Spiegel, so sollte man das Zäpfchen sehen. Aus den Übungsbeispielen, die „Richtiges Deutschsprechen“ (25) aufzeigt, greifen wir die folgenden heraus: „Man soll den Tag nicht vor dem

Abend loben. — Wer die Wahl hat, hat die Qual. — Kant sagt: es kann sein, daß nicht alles wahr ist, was ein Mensch dafür hält, aber in allem, was er sagt, soll er wahrhaft sein. — In allen meinen Taten laß ich den Höchsten raten, der alles kann und hat! (Fleming)"

Mit gerundeten Lippen werden o und u gebildet. Das o darf nicht an das a oder an das u anklingen, die Zunge bei beiden Vokalen nicht zurückgezogen werden. Zur Übung: „Wie gewonnen, so zerronnen. — Nicht Rosen bloß, auch Dornen hat der Himmel (Schiller). — Da steh ich nun, ich armer Tor, und bin so klug als wie zuvor (Goethe). — Huldigung allem, was jugendlich blüht (Matthison). — Der alte Urstand der Natur (Schiller). — Fremde Hütten hocken durstig an versumpften Brunnen (Rilke)."

Bei der Bildung eines ü können wir besonders deutlich erkennen, wie wichtig für ein deutliches Sprechen die Bewegung der Lippen ist. Man kann es vom i aus dadurch bilden, daß man die Lippen rundet. Ein lippenträger Sprecher sagt Giete für Güte! Wie ü mit i darf auch i nicht mit ü verwechselt, also für Himmel Hümmel gesprochen werden. Übungen auf i sollte man auch vornehmen, um sich offenes Näseln abzugewöhnen. Zur Übung: „Irdisch, irgendwie, Gebirge, wirken. — Bis zum Himmel spritzet der dampfende Gischt (Schiller). — Wirre Lieder klirrten (Rilke). — Die Himmel rühmen des Ewigen Ehre (Gellert). — Frühling soll mit süßen Blicken mich entzücken und berücken (Brentano). — Enthaltsamkeit ist das Vergnügen an Sachen, welche wir nicht kriegen (Busch)."

Die e-Laute dürfen weder mit zu großer Spannung, wie im niederdeutschen Gebiet üblich, noch zu offen nach mittel- und süddeutscher Art gebildet werden. Das ä darf nie wie ein e und dieser Laut nie wie ä erscheinen. Ein ö gewinnen wir wiederum durch Rundung der Lippen. Zur Übung: „Ehre und Ähre, Herde und Härte, Gerede und Geräte. — Mäßiges Glück währt am längsten. — Mensch, werde wesentlich, denn wenn die Welt vergeht, so fällt der Zufall weg, das Wesen, das besteht (Angelus Silesius)."

Für die Aussprache ist es gleichgültig, ob man ei oder ai, eu oder äu schreibt. Der Schwabe und Alemanne darf bei ei kein i und bei au kein u hören lassen. Zur Übung: „Eile mit Weile. — Allzu fein ist eitel Schein. — Gleichheit ist die Seele der Freundschaft."

Die Konsonanten

Für die Deutlichkeit ist die richtige Bildung der Konsonanten mindestens ebenso wichtig wie die richtige Formung der Vokale. Übungen auf m, n und ng — das nie mit k-Verschluß gebildet werden darf! — kommen auch der *Stimmbildung* zugute. Wir schreiben darüber in unserm Übungsbuch (25): „Während die gaumige Tonbildung, die durch ein zu tiefes Herabhängen des Gaumensegels — offenes Näseln! — bedingt ist, zumal durch Ausatmen auf den Vorderzungenvokalen e und i, sodann auf meng, ming, müng und ähnlichen Lautfolgen abgeübt werden kann, sind Summübungen auf m und n, gelegentlich auch auf l, zur Förderung der ‚nasalen Tendenz' nützlich." Zur Übung: „Kein Mensch muß müssen (Lessing). — Die meisten Menschen leben mehr nach der Mode als nach der Vernunft (Lichtenberg). — Nachzuahmen erniedrigt einen Mann von Kopf (Schiller). — Erfahrung macht Hoffnung. — Laß das Vergangene vergangen sein (Goethe)."

Das w sollte als Lippenzahnlaut und nicht als reiner Lippenlaut gebildet werden, ein pf darf nicht mit f, ein p nicht mit b und ein t nicht mit d verwechselt werden.

Zur Übung: „Wer wagt, gewinnt. — Wehr und Waffen von sich werfend. — Jedes echte Wachsen will Widerstand (Bertram). — Flüchtig und flink, frei wie der Fink (Schiller). — Die Jahre fliehen pfeilgeschwind (Schiller). — Backen und packen — Gebäck und Gepäck — Behaglich blinzelnd nach den Bienen (Storm). — Tadeln können zwar die Toren, aber klüger handeln nicht (Langbehn). — Danket dem Herrn, denn er ist freundlich, und seine Güte währet ewiglich. — Es rollt und rüttelt und dröhnt und dampft und klirrt und rasselt und stürmt und stampft (Dehmel)."

Im Anlaut vor Vokalen, im Inlaut zwischen Vokalen, sowie dann, wenn ihm r, l, m, n vorausgeht und ein Vokal folgt, sollte das s auch im mittel- und süddeutschen Raum nach den Regeln der Hochsprache stimmhaft gebildet werden, besonders wenn es einen Ausdruckswert hat wie in den Worten: „süß, Rosenduft, sausen, leise." Das z dagegen darf nie, wie es zuweilen in Süddeutschland zu hören ist, mit Stimme gebildet werden. Wenn wir ihn auch in drei Buchstaben wiedergeben, ist sch nur ein Laut, was z. B. Westfalen, die gerne S-chinken essen, beachten sollten. Wie Niedersachsen nicht über s-pitze S-teine s-pringen sollten, darf sich der Schwabe im hochsprachlichen Bereich nicht räuschpern: man sieht, wie die Hochsprachregelung ein weises *Kompromiß zwischen nord- und süddeutschen Ausspracheeigentümlichkeiten* darstellt ... Zur Übung: „Es sauset und brauset das Tamburin, es prasseln und rasseln die Schellen darin (Brentano). — Wie heimlicherweise ein Engelein leise mit rosigen Füßen die Erde betritt ... (Mörike). — Zweifel ist ein übler Zimmerer. — Sein Leben in die Schanze schlagen. — Sein Schicksal schafft sich selbst der Mann (Kinkel). — Das Schaudern ist der Menschheit bestes Teil (Goethe). — Rast' ich, so rost' ich. Wer das Seine verpraßt, fällt andern zur Last. — Kunst bringt Gunst."

Das j darf nie stimmlos ausgesprochen und mit dem ich-Laut verwechselt werden. Diesen wiederum dürfen Alemannen nicht dem ach-Laut gleichsetzen. Wohl ist nach einem Beschluß des Beraterausschusses für die deutsche Hochsprache vom Jahre 1933 das Zungenspitzen-r „nach Möglichkeit zu erstreben“, und wir empfehlen dem Berufssprecher auch heute noch, es sich nach Übungen, wie wir sie in „Richtiges Deutschsprechen“ (25) aufzeigen, anzugewöhnen, aber wir sind von den ersten Auflagen des „Siebs“ abgewichen, wonach „in allen Fällen durchaus Zungenspitzen-r zu fordern sei“. Verpönt bleibt für den Bereich der Hochsprache auf alle Fälle jener Vorgang, bei dem das **r** „wie zerlassenes Fett als Vokallaut in der Gaumengegend verschwindet“. „Da Balina“ (der Berliner) und viele mitteldeutsche Sprecher mögen sich diesen Vergleich F. Th. Vischers zur Mahnung dienen lassen. Zur Übung: „Jubeljahr, jauchzen, Jugend. — Sprich, damit ich dich sehe! — Macht ist Pflicht. — Guter Rat ist teuer. — Sich regen bringt Segen. — Trink ihn aus, den Trank der Labe (Schiller). — Raum für alle hat die Erde (Schiller).“

„Nieder- und Mitteldeutsche haben zu beachten, daß g unbedingt als Sprenglaut zu bilden ist; j im Anlaut (aufs Janze jehen!) und ch im In- oder Auslaut (Wech, Tach, Rechen für Weg, Tag, Regen) für g zu setzen, ist im Bereich der Hochsprache unstatthaft. Bei der Endung —ig ist g im Auslaut und vor Konsonanten wie ch zu sprechen, also in König, Ewigkeit, des Königs, freudigst; steht jedoch in der folgenden Silbe ein ch, so bleibt g erhalten, also in Königreich, königlich. Vor Vokal steht immer g (25).“ Diese nach der Siebsschen Feststellung formulierte Regel gibt ein weiteres Beispiel dafür ab, wie die Hochsprache Eigentümlichkeiten des norddeutschen wie des süddeutschen Sprachraums berücksichtigt, also sich nicht etwa nur auf den Sprechweisen einer besonderen Gegend aufbaut. Zur Übung: „Tag, Flugzeug, Jagd, Berg. — Ihre Gunst bleibt immer Gnade (Goethe). — Nur der Geschmack genießt, was die Gelehrsamkeit pflanzt (Schiller). — Wenigstens eine Kleinigkeit. — Was vernünftig ist, das ist wirklich."

II.

VORTRAG VON DICHTUNGEN

Der Wert von Vortragsübungen

Anleitungen und Übungen in der Entspannung, in der Atembildung wie in der Stimm- und Sprechbildung geben die Grundlage der Sprecherziehung ab. Sie sind von jedem vorzunehmen, der mit dem gesprochenen Wort auf andere einwirken will, unabhängig davon, ob er sich vom Rednerpult, vom Katheder, von der Kanzel oder von der Bühne her zu äußern hat.

Die Lehre vom Dichtungsvortrag mag mancher Leser, der nur als Redebeflissener zu diesem Büchlein greift, als für ihn überflüssig ansehen. Ihm sei gesagt, daß wir ihn keinesfalls anregen möchten, sich zu einem Dichtungssprecher heranzubilden, der mit seinen Darbietungen einen Vortragssaal ausfüllen sollte. Er sei lediglich darauf verwiesen, daß Übungen im Vortrag von Dichtungen wesentlich seinen *sprecherischen Ausdruck* und nicht zuletzt auch sein *Einfühlungsvermögen* fördern können. Dichtung ist gestaltetes Leben, und der Dichter ist uns ein Lebensführer. Sucht man seine „verdichteten" Gedanken und Gefühle oder seine Darstellungen menschlicher Schicksale sinngemäß vorzutragen, und sei es auch nur vor sich selbst als einzigem Hörer, so wird man wie selten sonst der Fülle des Lebens gewahr und gewinnt überdies auch an der eigenen Erlebnisfähigkeit.

Lehrer, Studenten der Literaturwissenschaft und Germanistik sowie ältere Schüler mögen den folgenden Teil unserer Schrift als Richtlinien dafür ansehen, wie sie sich die Dichtung *„einverleiben"* und damit zum eigenen Besitz machen können.

Das „tönende Buch“

Wenn man versucht, dem Wesen des poetischen Schöpfungsaktes nachzugehen, so stößt man immer wieder einmal auf mittelbare und unmittelbare Zeugnisse, die beweisen, daß dem Dichter nicht der Gedanke und nicht die Vorstellung, sondern das *rhythmisch-musikalische Erlebnis* erster Antrieb seines Schaffens war. Von seinem Aufschwung ins Musikalische und seiner Erlösung des rhythmischen Elementes ging in erster Linie die Wirkung aus, die Klopstock mit seinen Oden erreichte. Von ihnen konnte Herder, nachdem er sie schlechthin „Gesang“ genannt hatte, sagen: „Kaum hat unsere Sprache ein Buch, in welchem so viel lebendiger Laut und Wohltat in melodischer Bewegung so leicht und harmoniereich tönt wie in diesem.“ Schiller, dem man oft allzu bereitwillig das Gedankliche als das Primäre seiner Dichtung unterstellt, bekennt von sich in einem Briefe an Körner vom Jahre 1792: „Das Musikalische eines Gedichtes schwebt mir weit öfter vor der Seele, wenn ich mich hinsetze, es zu machen, als der klare Begriff vom Inhalt, über den ich kaum mit mir einig bin.“ Hierin wie in dem Satze: „Spricht die Seele, so spricht, ach! die Seele nicht mehr!“ drückt er die Unzulänglichkeit der starren, konventionellen Sprachform und den daraus sich ergebenden Primat des Musikalisch-Rhythmischen dem Sinne nach ähnlich aus wie Tieck in seinen bekannten Worten: „Liebe denkt in süßen Tönen.“ Und neben dieses Zeugnis der Romantik wären aus ihrem Bereich eine Reihe anderer Worte zu setzen, aus denen hervorgeht, wie „das Geheimnis der Dichtkunst“, um mit Kleist zu reden, „in der Beziehung auf Töne“ erblickt wurde.

Es ist leicht verständlich, daß sich aus einer Einstellung zur Dichtung und Sprache, wie wir sie aus den angeführten Beispielen erkennen, die Forderung ergibt, das

Wort des Dichters solle nicht als totes Druckbild, sondern als lebendiges Phänomen, vom Sprecher neu gestaltet, wirksam werden. So hatte denn Klopstocks Wirken als das eines Dichters, Sprechers und Sprachwissers eine Bewegung im Gefolge, die bald seine Freunde vom Göttinger Hain ergriff, sich Herder, dem jungen Goethe und Schiller mitteilte und sich über den Vortragsmeister Tieck hinaus bis in die Zeiten der ausklingenden Romantik erhielt: die Freude daran, vor sich hin und in Freundeskreisen Dichtungen, die man für wert hielt, zum Vortrag zu bringen (83). Sind ein Klopstock, Schiller oder Tieck als Anreger einer um die Wende des 18. Jahrhunderts wohl die ganze gebildete Nation erfassenden Sprechkultur zu werten, so könnte man meinen, daß sie neben ihrer Einstellung zur Sprache nur ihrer besonderen musikalisch-motorischen Veranlagung nachgegeben hätten. Wenn sich aber ein Goethe zu ihnen gesellt, und wenn er, der große Schauende, meinen konnte, stille für sich lesen sei ein trauriges Surrogat der lebendigen Rede, dann ergibt sich wohl, daß die sprecherische Wiedergabe der Dichtung, auch abgesehen von deren rhythmisch-musikalischem Ursprung, schlechthin für ihren Eingang in den Betrachter ihre wichtige Bedeutung hatte.

Gegen die „Erklärmethode“

Trotz den Bemühungen einzelner Dichter und Pädagogen, über die Zeiten der Romantik hinaus eine Kultur des gesprochenen Wortes in Deutschland wachzuhalten, und trotz der Wirkung, die etliche Rhapsoden bei ihren Zeitgenossen fanden, vergaß man im Verlauf des 19. Jahrhunderts immer mehr, die Dichtung als wesentlichen Teil der redenden Künste zu betrachten und zu bedenken, daß der Buchstabe des Dichters kaum minder als die

Note des Komponisten auf seine Erlösung durch den Ton harrt. Der Grund für die Abkehr von systematischer Sprechkultur und des sich daraus ergebenden Verzichtes auf das letztmögliche Erfassen bestimmter irrationaler dichterischer Werte scheint uns an dem Wege zu liegen, den die *Sprachwissenschaft* und mit ihr die Sprechpädagogik im Laufe des vorigen Jahrhunderts nahm, wenn sie sich in rationalistischer Befangenheit bemühte, die Sprache fast ausschließlich entwicklungsgeschichtlich zu betrachten und zu erforschen. Schon für einen Jakob Grimm, der in seiner deutschen Grammatik nicht von den Lauten, sondern von den Buchstaben handelte, war die Sprache lediglich ein Gewordenes, in der Schrift Festgehaltenes, für dessen Entwicklung Gesetze aufzudecken vornehmste und fast einzige Verpflichtung des Philologen sein mußte. Bei der notwendigen und wichtigen Arbeit des Forschens an der fixierten Sprache vergaß man, daß sie im Grunde, wie bereits Wilhelm von Humboldt erkannte, kein Ergon, kein in sich abgeschlossenes Werk, sondern Energeia, ewig fließende Tätigkeit ist. Notwendigerweise mußte eine rein historisch-positivistisch eingestellte Philologie die Pädagogen, die durch ihre Schule gegangen waren, dahin führen, die Grammatik als die Lehre von der gewordenen Buchstabensprache und all die Elemente des poetischen Kunstwerks zu überschätzen, die mit den Mitteln des kritischen Verstandes erfaßbar sind. Die Folgen hiervon sind wenigstens den älteren unter unseren Lesern noch in erschreckender Erinnerung: die Dichtungen, die in der Schule von uns aufzunehmen waren, wurden mit der *„Erklärmethode“* bis zur Unkenntlichkeit zerpflückt und der Weg, der uns hätte zu ihren wesentlichen, irrationalen Werten hinführen können, durch die Schranken rationalistischer Betrachtungsweise versperrt.

Neue Wege

In unseren Jahren versucht die Schule aller Gattungen mehr als früher, den lebendigen Vortrag als wichtigen Weg zur Dichtung zu werten und zu üben. Aber auch außerhalb ihrer Kreise sollte sich jeder, dem die Sinne für das Werk des Dichters offen stehen, um die Fähigkeit bemühen, sich selbst und den ihm zugänglichen Menschen die gestaltete Sprache des Künstlers sprechend in ihrem Rhythmus und Klang eingängig zu machen. Klagt man in unseren Tagen darüber, daß die Zuneigung zu seiner poetischen Kunst in unserem Volke bedenklich nachgelassen habe, so erwecke man wieder allgemein die Freude am Vortrag. Wo sich eine neue Sprechkultur andeutet, kann man beobachten, wie sich der Eindruck der Dichtung und damit die Liebe zu ihr beträchtlich vertieft, wenn man unter Verzicht auf flüchtiges Augenlesen im Gemeinschaftserlebnis von Sprecher und Hörer die Dichtung sprechend unmittelbar wirksam neu gestaltet. War es dem Deutschen von jeher selbstverständlich, sofern er nur die geringste Fähigkeit hierzu besaß, singend oder mit Hilfe eines musikalischen Instruments einer Laienkunst zuzustreben, so sollte er in der Familie, in Freundes- und Gesellschaftskreisen zumindest in demselben Ausmaß dem Worte des Dichters dienstbar sein. Da die Voraussetzungen für eine *Laienkunst des Sprechens* natürlicherweise weit eher gegeben oder zu erwerben sind als die einer noch so einfachen musikalischen Wiedergabe und überdies die Übungen eines Sprechers keines Nachbarn Mißbehagen erregen, besteht auch nach der Seite praktischer Erwägungen kein Bedenken, einer Förderung deutscher Sprechkultur in unseren Tagen das Wort zu reden.

Wenn auch die Anleitung eines verständigen Lehrers durch kein noch so eifriges Selbststudium zu ersetzen ist, so kann man durch eigenes Bemühen doch mancherlei erreichen, besonders dann, wenn man sein Vermögen, sich selbst und andere kritisch zu hören, systematisch steigert. *Gehörsübungen*, die man an sich, an seinen Freunden und Bekannten, im Theater- und Versammlungsraum anstellt, sind zuweilen wichtiger als *Sprechübungen*. Sie bringen uns Vorzüge und Fehler des Sprechers allmählich zum Bewußtsein und haben zur Folge, daß man bei eigenen sprecherischen Leistungen für sich selbst einen kritischen Maßstab erwirbt; selbstverständlich muß ihnen die Bekanntschaft mit den wichtigsten Normen, Aussprache- und Stilgesetzen des Sprechens vorausgehen, wie sie über diese kurze Einführung hinaus in den von uns angeführten Schriften zu finden sind.

Unter den wenigen Übungen, die wir dem Laien vor und neben seinen Bemühungen um die zu sprechende Dichtung auferlegen möchten, dürfen nicht solche fehlen, die seine Atmung fördern und seine körperliche Ausdrucksfähigkeit steigern. Das sinnlose, abgehackte Sprechen, das „*Aufleiern*" von Versen, falsches Betonen in dynamischer Hinsicht, sinnwidrige Stimmhöhe — kurz, die meisten Ausdrucksfehler des Laiensprechers haben ihren Hauptgrund in einer ungenügenden Atmung.

Die Sprache des Körpers

Wie wir schon an anderer Stelle erörterten, sind die seelischen Veränderungen im Menschen untrennbar mit entsprechenden Veränderungen des Körpers verbunden. Bedenken wir die Ergebnisse der Ausdruckskunde, wie sie von Ludwig Klages (37), Rudolf Bode (4) u. a. vertreten wird, oder erinnern wir uns, daß Hugo Münsterberg in Anlehnung an Wilhelm Wundt (91) an einer Reihe von Beispielen nachweist, wie die *Gemütsbewegung* durch die Ausführung der ihr zugeordneten *Ausdrucksbewegung* gesteigert wird (47), so wäre es uns unmöglich, einer Methodik zuzustimmen, bei der das Sprechen gleichsam als ein isolierter Akt und nicht als ein Vorgang anzusehen wäre, der über das Sprechzentrum des Gehirns, über die entsprechenden Nerven und Muskulaturen der Atmung, des Kehlkopfes und des Ansatzrohres hinaus den ganzen Menschen erfaßte. Wir haben in unserer Unterrichtspraxis oft genug feststellen können, daß sich bei sprecherischen Übungen wie beim Gedichtvortrag der sinngemäße Ausdruck geradezu erst dann einstellte, wenn sich der Schüler frei bewegte und damit den Rhythmus der Dichtung auch körperlich erlebte.

So notwendig es ist, unserem Stilempfinden gemäß, vor Zuhörern Gebärden auf das geringstmögliche Ausmaß zu beschränken, so nützlich kann es sein, in der Vorbereitung zum Vortrag, beim Aufsuchen des rechten Ausdrucks, Mimik und Gebärde als Korrelat zu der Vorstellung, die eine Dichtung erweckt, natürlich und frei zu verändern, ja gelegentlich bewußt die Ausdrucksbewegung für Freude, Schmerz, Trauer, Spannung oder Gelöstheit *vor* dem sprecherischen Ausdruck eintreten zu lassen. Bereits Lessing wußte von dem Einfluß der Ausdrucksbewegung auf den Gemütszustand, wenn er schreibt (Theatralische Bibliothek, 1754): „Ich glaube, wenn der Schauspieler alle äußerlichen Kennzeichen und Merkmale, alle Abänderungen des Körpers, von welchen man aus der Erfahrung gelernt hat, daß sie etwas Gewisses ausdrücken, nachzuahmen weiß, so wird sich seine Seele durch den Eindruck, der durch die Sinne auf sie geschieht, von selbst in den Stand setzen, der seinen Bewegungen, Stellungen und Tönen gemäß ist." Wilhelm Wundt (91) und Hugo Münsterberg (47) bestätigen Lessings Auffassung. Möglich ist die freie und natürliche Entfaltung von Gebärde und Mimik allerdings nur demjenigen, dessen Körper in seinen Reaktionen auf seelische Reize nicht durch Hemmungen und Verkrampfungen behindert ist.

Rezitation und Schauspielkunst

Aus unserer Einstellung zur lebendigen Sprache als zu einer Erscheinung, die bei jedem Sprechen nach seinen besonderen Voraussetzungen im Augenblick entsteht und vergeht, ergibt sich, daß für die Wiedergabe von Dichtungen für den einzelnen Fall nur im beschränkten Umfang allgemeingültige Gesetze und Regeln aufzustellen sind und wir die Forderung nach einer „objektiven" Sprechkunst als den biologischen Voraussetzungen des Sprechens zuwiderlaufend ablehnen müssen. Wie keiner dem anderen gleich ist und ein jeder einen anderen Erlebniskomplex und andere Ausdrucksmöglichkeiten besitzt, muß jeder auch die Dichtung in seiner besonderen Weise innerhalb bestimmter Grenzen verlebendigen.

Es wäre hierauf kaum hinzuweisen, wenn man nicht immer wieder hören müßte, der Rezitator sei wie der Schauspieler ein durchaus reproduktiver Künstler. Gewiß haben wir die Aufgabe, dem Dichter in seinem Erlebnis so nahe wie möglich zu kommen. Danach aber nehmen wir seine Schöpfung in unseren eigenen Besitz, um sie aus uns heraus neu zu gestalten. Behilflich bei der Gestaltung ist uns vor allem die Vorstellungskraft, die Erinnerung an unser eigenes Erleben, an Gedanken, Bilder, Töne, Wünsche und Empfindungen, die dem nahekommen möchten, was den Dichter zu seiner Schöpfung trieb. Eingängig wird uns die Dichtung, bevor wir sie sprechen, ein Teil von uns selbst; ist es anders, so handeln wir unwahr und falsch. Wer den „objektiven Bestand" der Dichtung überschätzt, lasse sich von Schiller ermahnen.

In seinem Aufsatz „Über Matthisons Gedichte“ sagt er: „Der wirkliche und ausdrückliche Gehalt, den der Dichter hineinlegt, bleibt stets eine endliche, der mögliche Gehalt, den er uns hineinzulegen überläßt, eine unendliche Größe.“

Soweit sind die Voraussetzungen beim *Rezitator* dieselben wie beim *Schauspieler*. Während sich dieser aber mit der Übernahme einer Rolle verwandelt, sein privates Dasein mit dem der Gestalt vertauscht, die er in deren Maske und Kostüm zu verkörpern hat, bleibt jener, selbst wenn durch ihn Personen des Dichters sprechen, der bürgerliche Mensch seines Namens. Hat der Mime, um mit Goethe zu reden, seinen angeborenen Charakter zu verleugnen und sich ganz in die Lage und Stimmung desjenigen zu versetzen, dessen Rolle er spielt, so muß sich der Rhapsode einer „leidenschaftlichen Selbstäußerung“ enthalten. Er hüte sich, so zu sprechen, als ob er Vorgänge, von denen er berichtet, darstellen wolle, sondern überlasse die letzte Deutung seines Vortragsstoffes seinen Hörern, deren Phantasie zu beständiger Mitarbeit anzuhalten, seine Aufgabe sein muß. „Je mehr wir sehen, desto mehr müssen wir hinzudenken können; je mehr wir dazudenken, desto mehr müssen wir zu sehen glauben“ — dieser Satz Lessings aus dem „Laokoon“ hat seine Gültigkeit auch für die Aufnahme redender Künste.

Es verstößt gegen die ästhetischen Grundgesetze des Vortrags, wenn ein Vorleser möchte glauben machen, aus ihm redeten, etwa während er eine Ballade erzählt, mehrere Personen, wenn er sich bemüht, z. B. die Gestalten des „Erlkönig“ so zu sprechen, als ob sie in Kostüm und Maske vor den Hörer träten. Gewiß wird sich die Stimme, je nach den redenden Gestalten, in ihrer Höhe, Farbe, Stärke und Spannung zu verändern haben. Es darf damit aber nicht die an die Persönlichkeit des Sprechers gebundene *Einheit des Gedichtes* in ein Vielerlei von Szenen aufgelöst werden, die vom Wesen verschiedener Stimmen auf einer imaginären Bühne dargestellt würden.

Ist man, auch außerhalb von direkten Reden, in Gefahr, durch sprunghaften Wechsel der Ausdrucksmittel billige Effekte zu erzielen, so bedenke man, daß nach Wilhelm Wundt das einzelne Momentangefühl, als dessen Äußerung die Stimme zu gelten hat, streng genommen eine Abstraktion ist und jedes Gefühl den Teil eines Gefühlsverlaufs darstellt (91). Zudem beachte man jenes psychologische Gesetz, nach dem der augenblickliche Bewußtseinszustand immer eine Wirkung auf den nachfolgenden ausübt, die sich als intensive Erregung oder Hemmung äußern kann. Vor allem aber ist es wiederum Lessing, der dem Sprecher mit einem Satz aus seinem „Laokoon" einen wichtigen Hinweis gibt, wenn er sagt: „Es gibt in der Natur keine einzelne reine Empfindung; mit einer jeden entstehen tausend andere zugleich, deren geringste die Grundempfindung gänzlich verändert."

Die Einfühlung

Der ganze, in einer Dichtung niedergeschlagene Gefühlsverlauf oder das Hauptereignis muß von uns erfaßt werden, bevor wir mit dem Sprechen beginnen. Man lese die Dichtung zunächst stumm und allenfalls mit halber Stimme durch. Danach frage man sich nach ihrer Form, ihrer wichtigsten Stimmung, ihrem Sinn, Erlebnisgrund, Anlaß und etwaigen Zweck. Weiterhin mache man sich frei von der Vorlage, suche in sich die notwendigen Vorstellungen und Stimmungen wachwerden zu lassen und beginne nunmehr, die Worte und Sätze, die man als beherrschende psychologische Gipfelpunkte erkannte, immer noch mit halber Stimme in der Klangfarbe, Spannung und Höhe zu sprechen, die man als bestmögliche Annäherung an den eigenen Erlebnisfaktor auffinden kann. Soweit es nur angängig ist, suche man sich in diesem Zustand der Vorbereitung vom Druckbild freizuhalten: es kann für das Aufsuchen des wesentlichen Gehalts der Dichtung und ihres Ausdrucks gelegentlich sogar günstig sein, wenn man sich psychologisch und ästhetisch wichtige Stellen zunächst in eigenen Worten näherbringt. Sucht man nach dem „Wichtigen" eines Redeganzen, so vergesse man alle grammatischen Gesetze und sei sich bewußt, daß der *grammatische* Wert eines Wortes mit seiner allein für die Verlebendigung wichtigen *psychologischen* Bedeutung nicht das mindeste zu tun hat. Diese Bedeutung, die man immer in Hinblick auf den Wert des Wortes für das Redeganze aufsuche, ist für die *Betonung* maßgebend.

Das Wort an sich genommen hat im Satze keinerlei Eigenwert und damit auch keinerlei Anspruch auf spezifische Betonung, wie Klopstock noch meinte. Es erhält seine Bedeutung und mit ihr seinen dynamischen und musikalischen Akzent wie seine Klangfarbe und Spannung immer erst durch seine Beziehung zu anderen Wörtern oder durch Anlaß und Absicht des Sprechers. Bemüht man sich als Anfänger bewußt, sinngemäße Betonungsstufen aufzufinden, so bedenke man, daß jeder Satz bei vier bis sechs Betonungsstufen — wichtigste, zweitwichtige, nebensächliche Glieder usw. — im Hinblick auf die logische Gliederung im allgemeinen nur *ein* Gipfelwort hat, auf das der wichtigste Stärkeakzent fallen muß, das also am lautesten zu sprechen ist. Zerlegt man sich überdies den Satz in untergeordnete Einheiten, so stößt man nur selten auf einzelne Worte, sondern fast immer auf Wortblöcke, eine Anzahl von Wörtern, die voneinander getrennt ohne Bedeutung wären, ihren Sinn erst in ihrer Gemeinschaft erhalten und sich beim richtigen Sprechen jedem Einschnitt — vor allem falsch angebrachten Atempausen! — widersetzen müssen (11).

Vom Ganzen zu den Teilen

Von dem Eindruck, den das Ganze hinterläßt, sowie von der Klangfarbe, der Tonhöhe und Stimmstärke, die sich aus den psychologischen Höhepunkten der Dichtung ergeben, bestimme man weiterhin, beständig in der Vorstellung dessen, was in irgendeiner Weise als Klang, Farbe, Bewegung, Gestalt usw. vorstellbar ist, die notwendigen Veränderungen. Selbst wenn sich hierbei ergibt, daß ein Wort oder Satz in bestimmter auffälliger Färbung besonders wirksam wäre, darf er, in Hinblick auf seinen Platz im Rahmen des Ganzen, keineswegs überwertig gesprochen werden. Diese Mahnung möchte man wie den meisten Laien so auch manchem Künstler zurufen, der sich vom Podium aus von der Möglichkeit einer billigen Wirkung verführen läßt, den Rahmen zu überschreiten, der den Bereich seiner eigenen Schöpfung abschließt. Wir erinnern uns der Schilderung einer Landschaft, die Adalbert Stifter im „Hochwald" gibt: er beschreibt zunächst die Gegend, wie sie heute ist, dann schildert er, im Druckbild unvermittelt, die Landschaft, wie sie zur Zeit der Erzählung war, und schließlich, wie sie sich an dem Tage zeigte, an dem die Handlung einsetzt. Selbst wenn sich für den Vorleser aus der ersten Schilderung ein stärkerer Eindruck ergäbe als aus den folgenden, hat er die letzte und kürzeste als die für die Erzählung wichtigste höherwertig zu sprechen als die anderen. Wie oft wird der Dichter oder Denker durch falsche Bewertung seiner Redeteile mit dem, was er fühlte oder wollte, verzerrt und verdreht zum Ausdruck gebracht!

Der Unterschied zwischen grammatischer Form und

psychologischem Wert tritt besonders bei den *Satzzeichen* deutlich hervor. So bedeutsam für den Sprecher ein Punkt oder Gedankenstrich sein kann, in vielen Fällen wird das Satzzeichen, zumal das Komma, in psychologischer Hinsicht keinerlei Berechtigung finden können, eine Tatsache, die auch von den Dichtern immer wieder einmal — z. B. von R. G. Binding — erkannt und gerügt wird. Die psychologisch berechtigte *Pause*, das einfachste und häufig das wirksamste Mittel des sprecherischen Ausdrucks, ist oft genug dann angebracht, wenn die Grammatik keinesfalls ein Pausenzeichen gestatten würde. Von einem Sprecher angewandt, der seinen Atem sicher zu führen versteht, erscheint sie auch unabhängig vom Druckbild der Verse, deren gleichmäßiger, meßbarer Takt beim Vortrag zwar nicht gänzlich zu unterdrücken, wohl aber den Bedingungen des von den inneren Voraussetzungen der Dichtung abhängigen Rhythmus unterzuordnen ist.

Die Hörer des Dichtungssprechers

Gleich dem Redner ist auch der Dichtungssprecher in seiner Leistung wie vom *Raum* und der *Zeit*, so von der Anzahl und Beschaffenheit seiner *Hörer* abhängig. Zu sich selbst in seinen vier Wänden spricht man anders als vor einigen Freunden, und diese erzwingen eine andere Wiedergabe als ein dem Sprecher unbekanntes Publikum, das sich in einem nüchternen Saale einfindet. Erzählt man einem vierjährigen Kinde ein Märchen, so erwartet es in seiner Auffassungsgabe ein Zeitmaß und eine Intensität der Klangfarben, wie sie schon ein zehnjähriges Kind, geschweige denn ein Erwachsener, als übertrieben empfinden würde.

Die Haltung, die wir vor unseren Hörern einnehmen,

sei frei und ungezwungen, derart, daß sich keinerlei Muskelverkrampfungen und unnatürliche Spannungen ergeben, die den Ausdruck ungünstig beeinflussen müßten. Soweit man abliest, suche man das Buch möglichst nur in einer Hand, und zwar im gehörigen Abstand zum Auge, zu halten. Beim Freisprechen wie beim Ablesen hat der Blick des Sprechers, um seine suggestive Einwirkung zu erhöhen, so oft wie möglich die Hörer zu erfassen. Ob man stehend oder sitzend spricht, ist eine Frage des Körpergefühls und des motorischen Bedürfnisses. Im allgemeinen wird sich erregende Dichtung im Stehen besser sprechen lassen als im Sitzen.

Ob die Vorlage in *Versen* oder in *Prosa* abgefaßt wurde, ist für den Ausdruck des Sprechers weniger von Belang als der *Abstand*, den der Dichter zu dem einnimmt, von dem er Mitteilung macht, oder die Entfernung, in die er seine Gestalten zu dem Leser gesetzt sehen möchte. Am weitesten haben wir uns von dem Gegenstand der Vorlage zu entfernen und in einer Weise zu sprechen, die uns „bei ruhiger Besonnenheit" (Goethe) kommen mag, wenn wir von Begebenheiten zu berichten haben, die der Dichter selbst „als vollkommen vergangen" ansieht.

„Szenische" Epik

Wenn aber Goethe hiemit allein das Wesen des *Epischen* und seines Vortrags umrissen sehen will, so ließ er außer Betracht, daß es neben einer „eigentlichen" auch eine „szenische" Epik gibt, eine Unterscheidung, die, von Otto Ludwig aufgestellt, durch Spielhagens These von der „objektiven" Erzählung nicht aufgehoben werden konnte und W. von Humboldts Forderung nach Objektivität und Parteilosigkeit als den Hauptmerkmalen der beschauenden Stimmung, die den epischen Dichter zu einer gewissen Höhe über seinen Gegenstand erhebe, außer Geltung setzt. Suchen wir uns Erzählungen, gleichgültig ob Romane, Novellen oder Balladen, sprechend-hörend neu zu gestalten, so empfinden wir nur wenige als ausschließlich epische Kunstwerke.

Wie sich oft fast unmerklich das Tempo seiner Rede verändert, so wechselt, ihm selbst und damit auch uns vielleicht unbewußt, die Stellung des Dichters zu seiner Vorlage. In einen kühlen, sachlichen Bericht drängen sich seine eigenen Stimmungen. Zuweilen vergißt er die Erzählung und ihre Gestalten, spricht von sich selbst, den Gedanken, die ihn und seine Hörer im Augenblick erregen könnten, oder er schildert, was er selbst sah, erlebte, fühlte: das *lyrische* oder *didaktische* Element schlich sich über Sätze und Seiten hin in die epische Form ein. Und wenn ihm das Vergangene wie ein Gegenwärtiges vor Augen tritt, aus Geschehenem ein Werdendes entsteht, seine Gestalten in Rede und Gegenrede zu handeln beginnen, als ob sie im Leben oder auf der Bühne sprächen, dann hat sich dem epischen Element das *dramatische* zugesellt.

Der Sprecher nähert sich beim Vortrag dramatisch-epischer Dichtung am meisten dem Schauspieler, ohne jedoch jemals in dessen Bezirk einzutreten. Er folgt dem Dichter, wenn er im Bedürfnis, gegenwärtig-anschaulich zu schildern, statt im Präteritum im Präsens erzählt, und spricht so, als ob ihn die Erinnerung derart fessele, daß sie ihn wie ein augenblickliches Erlebnis packt. Er bedenkt jedoch, daß das, was er vorträgt, eben doch im Grunde etwas Abgeschlossenes, Vergangenes ist. Mag der Dichter auch Gestalten zu Rede und Gegenrede aufführen: niemals läßt er sie Leib und Seele, Kostüm und Maske gewinnen. Was den Vorleser betrifft, so bleibt er ja durchwegs der bürgerliche Herr N., der im Gewande seiner Tage vor seinen Hörern steht, die ihm niemals glauben möchten, daß er im Augenblick in das Kleid des Erlkönigs schlüpfe, um es eben wieder mit dem des Erzählers oder dem des kranken Kindes zu vertauschen.

Mag der Sprecher schon bei der Zwitterform des dramatischen Vortrags, dem Vorlesen von Dramen, mit Hilfe einiger Stimmexerzitien gelegentlich den Eindruck erwecken wollen, es sprächen aus ihm verschiedene Gestalten: für den Vortrag dramatisch-epischer Dichtung würde er in dieser Einstellung der ästhetischen Norm seines Bemühens zuwiderhandeln. Natürlich verändern wir die Stimme bei der Wiedergabe eines dramatischen Dialogs innerhalb einer Ballade in bezug auf ihre Höhe, Klangfarbe usw. derart, daß die sprechend angeführten Personen dem Hörer gegenwärtig werden können. Wir bleiben aber dabei im Rahmen des rhapsodischen Vortrags und halten uns von der dilettantischen Vorstellung frei, als hätten wir eine Schar von Schauspielern zu ersetzen. Man kann das Stilgefühl eines heutigen Hörers, der überdies wohl der Welt der klassischen Ballade ferner steht, als es unsere Deutschlehrer gerne wahrhaben möchten, kaum schwerer verletzen, als wenn man sich beim Vortrag dramatischer Epik wie ein Darsteller gebärdet, und womöglich noch als einer, der sich über das Maß notwendiger Anschaulichkeit hinaus in pathetischen Übertreibungen ergeht.

Soweit der Sprecher aber auch diesen Veränderungen im Epos Rechnung tragen muß, darf er doch nicht außer acht lassen, daß er nur auf lyrische oder dramatische *Anklänge* stieß. Die epische Grundform verbietet es ihm, die lyrischen Stellen der Erzählung als reine „Poesie zu Einem, d. h. Gefühlserguß ohne Rücksicht auf einen Zuhörer“ (Voßler) anzusehen oder das Podium des Vorlesers mit der Bühne des Schauspielers zu verwechseln.

Erzählende und lehrhafte Dichtung

Die Goethesche Mahnung, der Rezitator solle sich von seinem Gegenstand bei aller Ergriffenheit niemals „verschlingen“ lassen, gilt besonders von der epischen Dichtung. Ein Sprecher, der erzählen soll und dabei schauspielert oder Gefühlsergüsse über den Hörer ausbreitet, ist im Mißbrauch der sprechkünstlerischen Mittel wohl nicht zu überbieten. Um als Erzähler den rechten Abstand zu seinen Gegenständen zu wahren, mag man sich gelegentlich an eine Bemerkung Ludwig Börnes erinnern, der die epische Rezitation dahin charakterisiert: „Die Erzählung ist der Kupferstich des Ereignisses; Umrisse, Schatten, Licht und Charakter müssen beibehalten werden; trägt man aber auch die Farben des Originals auf, so verwechselt man es mit demselben, wenn dies Abbild dem Urbild gleich ist, und dann wird die epische Rezitation dramatisch, und die Kopie bleibt hinter dem Original zurück und wird verglichen und verworfen.“

Will man eine Vorlage *lehrhafter* Art und Absicht sprechend zur Wirkung bringen, so ist erste Voraussetzung hierfür, daß man den Stoff zunächst verstandesmäßig klar erfaßt und ihn danach in rechter Weise gliedert. Was bei der Neigung des heutigen Deutschen, zu schnell und flüchtig zu sprechen, für den Vortrag im allgemeinen gilt, ist für die Wiedergabe lehrhaften Stoffes besonders beachtlich: die Überlegung des Sprechers, inwieweit seinen Hörern Zeit notwendig ist, das Gesprochene nicht bloß flüchtig aufzunehmen, sondern denkend und fühlend in sich zu verarbeiten. Man bedenke immer, daß man als Sprecher bereits vor der Wiedergabe den Stoff erfassen konnte, während der Hörer im allgemeinen Gedanken und Bilder aufnehmen soll, die ihm neu sind.

Will man lehrhafte Sätze im Sinne ihres Verfassers

sprechen, so ist weiterhin notwendig, daß man nach der Aufnahme des Gedanklichen sich selbst zu der Überzeugung des Verfassers bekennt. Nur dann kann man den warmen und eindringlichen Ton des werbenden Redners finden, der sich dem ruhigen Tempo und der sinngemäßen Gliederung zu verbinden hat. Die Übungen im Sprechen lehrhafter Prosa eignen sich besonders auch als *Vorübungen für den Redner*, der seine Ausdrucksmöglichkeiten steigern möchte. Zu diesem Sonderzweck suche man derartige Sätze einmal mit dem Ton freudigen Bekennens, dann in der Haltung des Angreifers oder des Verteidigers, schließlich auch ironisch oder in irgendwelcher anderen Absicht zu sprechen.

Der Sprecher, der Einfluß auf seine Freunde oder Schüler gewinnen will, suche nach Texten philosophischer, zeitkritischer oder lebenskundlicher Art, von denen sich seine eigene Meinung von Welt und Menschen tragen läßt, und mache sie durch seinen Vortrag lebendig. „Wahrheiten können ebenso gut begeistern wie Empfindungen", schreibt Körner einmal an Schiller, „und wenn der Dichter nicht bloß lehrt, sondern seine Begeisterung mitteilt, so bleibt er in seiner Sphäre." Wir möchten darüber hinaus der irrigen Meinung entgegentreten, als ob nur der Dichter geeigneten Sprechstoff abgeben könne: jeder Denker, der etwas zu sagen hat, das bei uns Geltung beanspruchen kann, hat das Recht, mit seinem Werke gesprochen zu werden, sofern wir seine Meinung vertreten können und ihr zur Wirkung verhelfen möchten.

Was die Betonung und die Verteilung der *Klangfarben* bei lehrhaftem Sprechen angeht, so ist die Frage wichtig, ob das Glied eines Redeganzen in positivem oder negativem Sinne gebraucht ist, ob sich ein Autor zu dem ausgesprochenen Gedanken bekennt, oder ob er ihn ablehnt und überwinden will. Man bedenke, daß die

Absicht des Autors oder des Sprechers den Sinn des einzelnen Wortes in sein Gegenteil umkehren kann, zumal, wenn vor dem Worte eine Negation steht. Wenn Felix Dahn z. B. mahnt: „Du sollst nicht grübeln und nicht fragen, du sollst nicht zweifeln und nicht zagen, du sollst nicht klügeln und nicht klagen“, um dann fortzufahren: „was du gewannst in goldenen Tagen, wird nie geraubt dir, noch zerschlagen, und ewig wirst du's in dir tragen“, so kommt die spezifische Klangfarbe von Worten wie „grübeln“, „zagen“, „klagen“ kaum noch zum Ausdruck, denn die Absicht des Sprechers zielt dahin, den Stimmungswert dieser Worte zu überwinden. Wenn wir jemanden dahin bringen möchten, einen Schmerz zu vergessen, so wäre es uns im Alltagssprechen unmöglich, den psychologischen Fehler zu begehen, Worte wie „weine doch nicht!“ im Tone schmerzlichen Ausdrucks zu sprechen. Wir geben diesen Worten vielmehr dieselbe Klangfarbe, wie wir sie im positiven Ausdruck „sei froh!“ gebrauchen würden.

Nach Goethes Mahnung erfasse man bei aller verstandesmäßig bedingten Prosa zunächst den „Sinn des Buchstabens“ und schaffe sich dann die richtige Gliederung der einzelnen Teile des Redeganzen. Danach spreche man, übungsweise, die zusammengehörigen Wortblöcke und schließlich, nach gehöriger Atemvorbereitung, jeweils das Ganze. Derartige Übungen von Sätzen verstandesmäßiger Prosa sind auch dem geübten Sprecher von Zeit zu Zeit nützlich: er lenkt dabei sein Ohr streng auf die eigene Tongebung hin und kann sich leicht zu einer Beurteilung seiner Atmungs- und Ausdrucksfähigkeit anhalten.

Die mit der Intensität der Klangfarben, der Spannung, der Stimme und allen anderen Ausdrucksmöglichkeiten zu äußernde innere Ergriffenheit des Sprechers steigert sich, wenn „Poesie zu Einem", lyrische Gedichte, Tagebuchblätter, Bekenntnisse irgendwelcher Art gesprochen werden. Eine letzte Selbstentäußerung, eine seelische Prostitution vom Vortragspult her, mit zitternder oder schreiender Stimme geboten, werden wir aber auch dann nicht gestatten, wenn sich der Abstand des Sprechers zu der Vorlage auf ein Mindestmaß beschränken kann.

Lassen wir den Schrei, das Wimmern und erregte Jammern als natürliche Reaktionen physischer Schmerzen gelten, ja erkennen wir diese Äußerungen des körperlich gequälten Menschen als lösende Faktoren an, so müssen wir doch von uns Beherrschung dann fordern, wenn wir in Gegenwart anderer seelische Erschütterungen leiden. „Klageweiber" sind eine Einrichtung orientalischer Völker, denen das Weinen und Jammern an sich schon, ohne innere Beteiligung, ein notwendiger Ausdruck sein mag. Fordern wir auch nicht die Kraft des Mongolen, der sich zum Lächeln zwingt, wenn er vor Leiden weinen möchte, so verlangen wir doch, daß man seinen Schmerz nicht zur Schau stelle, sondern einen Willen aufbringe, der die Schmerzensäußerung, wenn nicht zurückhält, so doch abdämpft. Eine freie, letzte Äußerung des *Leides* ist nur im Ausruf, im Weinen und allenfalls noch in einer Sprache gegeben, die der Augenblick der Empfindung dem Menschen eingeben kann, wenn er allein oder mit einem ihm Gleichgesinnten beisammen ist.

Für den Vortragenden kommt der Versuch, einen bis zum Höchsten gesteigerten *Schmerz* frei ausströmen zu lassen, wie jeder Versuch unmittelbarer Darstellung nicht in Frage. Er vergesse nie, daß der Zuhörer, auf den die

Illusionsfähigkeit der Schaubühne nicht einwirkt, der Leistung des Dichtungslesers um so skeptischer gegenübersteht, je mehr er das Gefühl haben könnte, daß ihm eine Erregung von seiten des Sprechers vorgetäuscht werden soll, die er in dem Ausmaß, wie er sie zur Schau stellt, niemals vor Fremden ohne persönlichen Anlaß empfinden kann. Die Aufgabe des Sprechers ist es ja nie, ein Erlebnis erschöpfend darzustellen, sondern es in seinen Umrissen soweit anzudeuten, daß der letzte Sinn des auszudrückenden Erlebens vom Hörer kraft seiner Vorstellungskraft und Erinnerungsgabe selbst erfaßt wird.

Der Schmerz, wie er im Vortrag zum Ausdruck kommen kann, am stärksten wohl bei Briefen und anderen unmittelbaren Selbstbekenntnissen, ist im allgemeinen einer, der nur schwer aus der Brust aufsteigt und gegen den Willen zu seiner Unterdrückung ankämpft. Er erfordert eine gespannte Haltung und äußert sich zuweilen gepreßt, in dumpfer Tonart und geringer Stimmstärke. Selten nur wird sich die Spannung des Tones zu einer hellen, schneidenden Wehklage oder zu einem Jammern steigern. Wenn dies der Fall sein muß, so hält doch der Sprecher seiner Empfindung gleichsam die Zügel fest.

Religiöse Texte

So verschieden auch im einzelnen die Ausdrucksmöglichkeiten des Menschen sein können, der *religiöse* Dichtung spricht, so notwendig ist es doch für jeden Fall, daß sie *wahr* und *echt*, aus gläubigem Herzen nach außen drängen. Wes das Herz voll ist, des geht der Mund über. Mag der religiöse Mensch sich in schlichter Zwiesprache mit dem Gott seines Herzens befinden, mag er mit ihm kämpfen, ihn anflehen, in verzückter Ekstase, in bescheidener Demut sich ihm öffnen, oder mag er andere Menschen zu gemeinsamer Andacht aufrufen, sich zum Sprecher einer Gemeinde erheben und als geistlicher Führer das Wort ergreifen: niemals spricht er, sofern er seinen Gott wahrhaftig erlebt, um des Sprechens willen, niemals zeigt er eine Gebärde oder einen Stimmcharakter, der nichts als „schön" und ohne innere Berechtigung wäre. Man verweise uns nicht auf das Gebet des katholischen Christen oder auf das liturgische Sprechen, das dem unbeteiligten Hörer im Gleichmaß seiner Melodie in seinem Tempo und in der Nichtachtung der logischen Bedingtheiten der Sprache wohl als die Abwicklung eines mechanischen Vorganges erscheinen könnte: das liturgische Sprechen und das Gebet der Gemeinde sind Gottesdienst und haben sich als solcher so weit wie möglich vom Sprechen des Alltags zu entfernen; überdies sind die Worte der Liturgie und des Gebetes endgültig und über alles erhaben. Der Priester und die gläubige Gemeinde beten nicht, um Gott zu suchen und sich, jeder für sich, mit ihm auseinanderzusetzen, sondern um den Gott, den sie besitzen, zu verehren. Der Mensch, der in seiner Kammer Zwiesprache mit Gott hält oder der ihm sein persönliches Leiden und Wünschen im Gebete vorträgt, wird wie der Dichter, der sich in geformter Sprache dem Göttlichen zuwendet, das einzelne Wort in seinem Gehalt und Sinne zu erfassen suchen, also die logische Substanz der Sprache beachten. Dem Priester in der Liturgie und der Gemeinde im lauten Gebet dagegen besteht der Gottesdienst, vom Standpunkt des Sprechers betrachtet, vor allem in der Erfassung und Wiedergabe der alogischen Werte der Sprache, des Rhythmischen und Musikalischen. Heute noch zeigt sich, besonders im katholischen Gottesdienst, die kultische Bedeutung des Rhythmischen, das den Priester ja, was in rheinischen Gegenden noch in unseren Tagen anzutreffen ist, über die Gebärde hinaus zu tänzerischen Bewegungen führte. Die Sprache des Körpers und die der Musik gestatten dem erlebenden Menschen einen Ausdruck, der unmittelbarer ist als der des logisch gebundenen, gesprochenen Wortes. Daher wohl auch ergibt sich am Ende das Bedürfnis des geistlichen Redners, in größeren Gebärden und auffälligerer Musikalität zu sprechen, als es dem weltlichen Redner gestattet ist.

„Liebe denkt in süßen Tönen ..."

Auch der Vortrag von *Liebeslyrik* erfordert vom Sprecher in hohem Maße Takt und Zurückhaltung. Man bedenke, daß selbst das Lied größter Leidenschaft auch von seiten des Dichters niemals im Augenblick des Erlebnisses geschaffen wurde, sondern wie jeder künstlerische Schöpfungsakt einen Abstand erforderlich machte. Je stärker überdies das Erlebnis ist, desto weniger wird es dem Sprecher im allgemeinen gestattet sein, die Dichtung laut und in großer Geste aus sich herauszustellen: *innig* spreche man hierbei im echten Sinne des Wortes.

In den Vortragssaal scheint uns Liebeslyrik als persönliche Bekenntnisdichtung nur in seltenen Fällen zu gehören. Zu Gleichgestimmten gesprochen, kann sie dagegen erhellenden Aufschluß über die Erlebnisskala eines Dichters wie des Menschen schlechthin ergeben. Stärker als jede andere Gattung Bekenntnisdichtung ist ihr Vortrag von der Erlebnisfähigkeit des Sprechers abhängig: ein Mann nähert sich ihr in anderer Weise als eine wissende Frau, und diese findet anderen Ausdruck als ein ahnendes junges Mädchen. Weibliche Sprecher mögen sich in Lieder, die an Frauen gerichtet sind, und in Gedichte, die von Frauen ausgehen, als Gestaltende einfühlen; entsprechender Rat gilt für die männlichen Sprecher.

Es wäre ein nützliches Unterfangen des übenden Sprechers, sich — im stillen Kämmerlein! — einmal einige der unendlich vielen Klangfarben, Spannungen, Tonhöhen und Melodien vorzuführen, die der Begriff „Liebe" in uns auslösen kann. Das Sätzchen „Ich liebe dich!" Die Frage „Liebst du mich?" und die Antwort „Ja!" können hierfür in aller Einfachheit nützlichen Übungsstoff abgeben. Herzlich zugeneigt, innig bewegt, leidenschaftlich fordernd, sehnsüchtig klagend, zärtlich ergeben, weich und warm, aber auch hart und kalt, hoch aufsteigend wie tief sinkend — kurz in mannigfaltigster Veränderung äußert sich die Stimme, wenn sie dem Erlebnis oder der Vorstellung „Liebe" Ausdruck geben soll.

Die Abhängigkeit des Ausdrucks vom Erlebnis, der Sprechsituation und der Absicht wird dem Übenden am deutlichsten, wenn er das Wörtchen „Ja" — auch unabhängig vom Begriff Liebe — spricht. Wie können sich die zwei Laute verändern, wenn wir sie freudig zustimmend, fragend, zögernd, innig, ironisch, gequält oder in irgendeiner anderen seelischen Situation bilden! Wer sich öfter über derlei seelisch bedingte Veränderungsmöglichkeiten des Lautes klar wird, wird sich am ehesten von einem mechanisierten „Schönsprechen" im Sinne alter Zungengymnastiker freihalten.

Humor und Komik

Für den Vortrag *heiterer* Dichtungen gibt uns die Poetik einen wichtigen Hinweis, wenn sie zwischen *scherzhaftem* und *rührendem* Humor unterscheidet. Auch die Frage, ob der Dichter seine Gestalten und Ereignisse erst durch sein eigenes Werturteil zu humoristisch wirksamen erhebt — z. B. Jean Pauls und Wilhelm Raabes Art — oder ob sie es an sich sind, kann für den Vortrag von Bedeutung sein. Wie sich das Wort beim Ausdruck des Schmerzes zum Weinen steigern kann, so löst es sich beim heiteren Menschen in Lachen auf. Wenn daher der Sprecher auch in diesem Betracht auf Übertreibungen verzichten muß und nicht meinen darf, er müsse das Lachen an sich darstellen und lachend sprechen, so wird er doch häufig die *Mimik des Lächelns* zeigen, ja aus ihr heraus den Grundcharakter seines Vortrages abwickeln. Zeigt er die sinngemäße Ausdrucksbewegung dessen, der heitere Stimmung auslösen möchte, so wird er überdies auch bei seinen Hörern, wenn sie in innerer Bereitschaft seine Mimik unbewußt aufnehmen, die rechte seelische Disposition erreichen, da ja, worauf wir bereits hinwiesen, nach psychologischem Gesetze die Ausdrucksbewegung in hohem Maße die seelische Haltung beeinflußt. Die Bedeutung des Mimischen für den Vortrag heiterer Dichtung wird am deutlichsten, wenn man auf seine Wirkung verzichten muß: keine Dichtungsart ist im Rundfunk so schwer eingängig zu machen wie die humoristische.

Durchaus nicht immer, jedoch im Gebiet des Humors und der Komik wird die *Mimik* des Sprechers und mit ihr der Charakter seines Vortrags durch Heiterkeit bestimmt sein. Wenn Schopenhauer meint, das Lachen entstehe jedesmal aus nichts anderem als aus der plötzlich wahrgenommenen Inkongruenz zwischen einem Begriff und dem realen Objekt, oder wenn Kant das Lachen „als einen Affekt aus der plötzlichen Verwandlung einer gespannten Erwartung in nichts“ definiert, so können diese Erklärungen zwar nicht unbedingte Gültigkeit beanspruchen, da sich das Wesen des Komischen nicht auf eine Formel bringen läßt. Sie sind aber geeignet, den Sprecher daran zu erinnern, daß die Wirkung des Komischen in vielen Fällen durch bestimmte Gegensätzlichkeiten bestimmt ist. Sie in ihrer charakteristischen Schärfe zu betonen, wird zumal dann seine Aufgabe sein, wenn es sich um Vorlagen handelt, die ironisch, satirisch oder grotesk gefärbt sind. Der Begriff der *Ironie* besonders — Ironie heißt „Verdrehung" — löst in den meisten Fällen eine Mimik und Klangform aus, die in einem zuweilen ins Unnatürliche gesteigerten Gegensatz zu der beabsichtigten Wirkung steht.

Zeitstil und Vortragsstil

Wie der Stil jedes künstlerischen Ausdrucks ist auch der Vortragsstil veränderlich und den Bedingungen der Zeit unterworfen, in der er sich äußert. Wer möchte leugnen, daß die Menschen unserer Zeit, auf die die Gewalt der Tatsachen derart erschütternd wirkte, allem pathetisch Übersteigerten skeptischer gegenüberstehen als eine Generation, die in ihren Häusern und Bildern wie in ihren Redeformen und Gedichtvorträgen ihrem weniger beschwerten Dasein nur allzu gern in Überschwenglichkeiten Ausdruck gab? Sofern wir ein Pathos äußern, mag es gebändigter tönen und weniger leicht sich aus uns losringen, als es die Sprecher eines älteren Stilempfindens von sich gaben. Wir wollen *wahr* und *echt*, *zweckhaft* und *sinngemäß sprechen*, nicht aufdringlich, sondern *eindringlich*. Jedes Jonglieren mit der Stimme, alle Übertreibungen im Gebrauch der Klangfarben und Stimmlagen, jedes gespreizte, allzu „schöne" Sprechen läßt uns unangebrachte, schlechte Schauspielerei vermuten und den Verdacht entstehen, der Sprecher wolle etwas anderes vortäuschen, als er selbst empfindet oder vom Dichter aufnehmen könnte.

Besonders verdächtig ist uns alles *Lärmen* und *Schreien* beim Vortrag geworden, denn wir wissen, daß sich wahrhaftige Erschütterung weit eher in einem *ver-*

haltenen Sprechen äußert, als es Deklamatoren alter Schule wahrhaben wollten, die, stolz auf ihre Lungenkraft, gar zu gerne ihren Mund als Posaunenrohr ansehen mochten. Ihnen wie denen, die den Stimmgewaltigen ohne Demut vor der Größe echter Leidenschaften nacheifern möchten, mochte Julius Bab zu denken geben, wenn er sagt: „Lernt leise sein, und merkt, was lärmt, das lügt." Haben wir uns nur ein wenig im Sprechen und Hören geschult, so erkennen wir, daß eine erhöhte Stimmstärke durchaus nicht eine Steigerung der Deutlichkeit zur Folge haben muß und daß sich die Spannung und die Lust zum Mitempfinden beim Hörer um so größer zeigt, je mehr wir anstatt „über ihn hinweg" „in ihn hinein" sprechen.

Verzichten wir auf ein extensives Sprechen zugunsten eines *intensiven*, so mag es wohl sein, daß die augenblickliche äußere Wirkung unseres Vortrages hier und da schwächer ist als im umgekehrten Falle. Die innere Ergriffenheit jedoch und die Nachwirkung, die sich beim Hörer einstellt, ist erfahrungsgemäß für das Wort, das sich einprägen will, größer als für jenes, das sich dem Hörer allzu leicht mitteilen möchte. Wie für den Redner kann auch für den Dichtungssprecher die *„Steigerung ins Piano"* wirkungsvoller sein als die „Steigerung ins Forte". Zumal, wenn er das Kunstmittel des Diminuendo mit dem Mittel des Retardando verbindet, also auch das Zeitmaß reduziert, wird er besonders eindringliche Wirkungen erzielen.

Über den Augenblick hinaus ergreifend, bestimmend wirken zu wollen, scheint uns für uns selbst wie für den Dichter belangreicher denn noch so laute Zustimmung zu sein. Wohl geben wir von uns selbst das Beste, während wir sprechen, aber dürfen wir darum unserer Eitelkeit schmeicheln lassen? Der Anlaß unserer Neuschöpfung, das Werk des Dichters, war um so viel bedeutender als unsere eigene Leistung, daß uns demütige Bescheidenheit ziemt in allem, was uns selbst als Sprecher über unseren Stoff hinaus erheben könnte. Der Dank unserer Freunde in unserem Heim, im Schulraum oder im Vortragssaal gebührt uns nur zu geringem Teil. Er kommt vor allem dem Dichter zu, der uns nicht minder wie unseren Hörern die Feierstunden seiner Wirkung bot ...

III.

GESPRÄCH UND REDE

Die Kunst des Hörens

Jedes Gespräch haben wir, wenn es würdig und sinnvoll verläuft, zunächst als eine Übung in der Kunst des Hörens aufzufassen, denn Hören ist, wie Schiller meint, der „gangbarste Weg zum menschlichen Herzen" oder auch, um Adam Müllers Erklärung anzuführen, die „Kunst des Innewerdens fremder Naturen".

Damit, daß ein Wort ausgesprochen wird, erweitert sich der Kreis dessen, was es bedeuten kann, oft ins Unermeßliche, da es ja von all dem getragen und bestimmt wird, was der Sprecher in diesem Augenblick unter diesen besonderen, einmaligen Umständen und in diesen Zusammenhängen bei seinem Gebrauche empfindet. Die Gesamtheit seines seelischen Erlebens schwingt in jedem seiner Worte, weshalb das *Gespräch* ja aufschlußreicher für uns ist als der *Brief*. Um wieviel reicher ist die Ausdruckskraft des Sprechenden, wieviel innerlich näher sind wir dem Freunde, wenn wir auf ihn hören können, als wenn wir von ihm etwas zu lesen haben! Die paar tausend Worte, die wir im Bereiche der Muttersprache beherrschen oder zumindest anwenden, genügen uns keinesfalls im Leben, zumal sie — an sich genommen — zum weitaus größten Teil anschauliche und begriffliche Werte, nicht aber recht eigentlich Gefühlswerte ausdrücken. Wir greifen sie auf und füllen sie, indem wir sie aussprechen, mit situations- und erlebnisbedingten Werten aus, die in der Erscheinung des Klanges gegeben sind. Die „*Stimme*" ist es, die unsere und unseres Gesprächspartners „*Stimmung*" ausdrückt. Sie führt gerade beim stimmungsbedingten Unterhaltungsgespräch oft weit über den Sinn des Einzelwortes hinaus. So ist Friedrich Nietzsches tiefgründige Deutung der Sprache zu verstehen, die für das Verständnis von Rede und Gegenrede von wesentlichem Belange ist: „Das Verständlichste an der Sprache ist nicht das Wort selber, sondern Ton, Stärke, Modulation, Tempo, mit denen eine Reihe von Worten gesprochen wird — kurz, die Musik hinter den Worten, die Leidenschaft hinter dieser Musik, die Person hinter dieser Leidenschaft: alles das also, was nicht geschrieben werden kann." Von dem Erfassen der über den Denkinhalt hinausführenden klanglichen Erscheinungen der Sprache wird somit wesentlich das Verständnis abhängen, das wir einem sprechenden Menschen entgegenbringen. Jederzeit gilt es daher, nicht nur auf den „Inhalt" dessen zu achten, was uns einer zuspricht, sondern auch auf den Klang, der ihn ausdrückt und doch zugleich mehr bedeutet, als er selbst darstellen würde, wenn wir überhaupt das eine vom andern zu trennen vermöchten.

Das Gespräch ist in besonderem Ausmaß von Stimmungswerten, von einer bestimmten *„Atmosphäre"* abhängig, die durch das Ausströmen von Persönlichkeitswerten, Charakter- und Temperamentszügen bedingt ist. Trotzdem warnen wir davor, von der Art, wie jemand spricht, leichtfertig Schlüsse auf sein Wesen zu ziehen. Das *„Ausgleichsbestreben"* (Kompensationsbedürfnis) des Menschen bringt es nämlich auch in Betracht der Stimmführung und Sprechart mit sich, daß wir oft nicht das darstellen, was wir sind, sondern was wir gerne sein möchten, uns selbst gleichsam eine Maske aufsetzen und als Schauspieler auf der Bühne des Lebens einherwandeln. Je nach dem Grade des Zwanges, unter dem ein Gespräch verläuft, und je nach dem Verhältnis der Sprecher zueinander, werden wir uns mehr oder minder von uns selbst entfernen, wenn wir anderen Menschen begegnen. Leider sind die Begegnungen eben nicht häufig im Leben, bei denen wir uns völlig so zeigen werden, wie wir wirklich sind. Ein übersteigertes *Geltungsvedürfnis* weist uns oft in ethisch unerlaubter Weise über uns selbst hinaus. Dieses Bedürfnis wie seinen Gegenpol, das *Minderwertigkeitsgefühl*, gilt es neben anderen Voraussetzungen zu beachten, wenn man von Stimme und Sprechart eines Menschen Rückschlüsse auf sein Wesen ziehen will. Oft können wir z. B. beobachten, wie jemand dann anmaßend-laut, mit betonter Selbstsicherheit spricht, wenn er sich in einer Sache unsicher fühlt, oder andererseits sich sehr bedachtsam äußert, wenn er gründlich Bescheid weiß. „Gelten“ will man zuweilen gerade in Bereichen, in denen man nichts oder wenig wert ist, und unterlegen-minderwertig fühlt man sich nicht selten dann, wenn man in einer Sache überdurchschnittlich Bescheid weiß ... Grobheit in Stimme und Gebärde ist ferner keinesfalls immer ein Zeichen mangelhafter freundschaftlicher Gesinnung: man kann sie als Abwehrgeste gebrauchen. Aalglatte Höflichkeit läßt dagegen den Verdacht aufkommen, es verstecke sich dahinter eine Gesinnung, die eigentlich einen gegenteiligen Ausdruck erstreben müßte.

Abhängig von unserem Gesamtbefinden mit all seinen Umständen sind wir heute anders aufgelegt, als wir es gestern waren; die abendliche Unterhaltung verläuft infolgedessen auch unter anderen klanglichen Erscheinungen als sonst. Sind wir womöglich gar ausgesprochen extrovertierte Naturen, so liegt es uns nahe, einem „Himmelhoch-jauchzend“ ein „Zu-Tode-Betrübtsein“ folgen zu lassen.

Schließlich hängt unsere Ausdrucksart auch von den Menschen ab, die uns begegnen. Freund Hinz ist uns nun einmal sympathischer als Vetter Kunz. Die Folge davon ist, daß wir dem einen freundlichere Seiten unseres Wesens zeigen als dem andern, d. h. uns auch stimmlich-sprachlich in diesem Falle anders äußern als in jenem. Kurz — wir warnen davor, die Eindrücke des Augenblicks, die wir von Stimme und Sprechart unseres Partners gewinnen, zu verallgemeinern, und raten dazu, sie grundsätzlich nur für den Verlauf der Unterhaltung in Betracht zu ziehen.

Auch in dieser Beschränkung wird man sich bei richtigem Hören manche Türen öffnen, die „zum Herzen" oder auch zum Verstande des Partners führen. Sehen wir von den situationsbedingten und bewußt bei einem Täuschungsmanöver veränderten Stimm- und Sprecheigentümlichkeiten eines Partners ab, so bleiben doch noch viele Besonderheiten des gelauteten Ausdrucks übrig, von denen sich wesentliche Schlüsse auf den Partner ziehen lassen.

Erich Drach (11) hat es unternommen, eine *Lehre von den Ausdruckstypen* aufzustellen, die für die Praxis der Menschenbeurteilung eine nicht unwesentliche Bedeutung gewonnen hat. Er stellt zunächst „Ausdrucksstärke, gepaart mit Ausdrucksleichtigkeit" fest, die er bei Menschen fand, die „das warmherzige Bedürfnis haben, sich auszusprechen, die Dinge vom Herzen herunterzureden". Sie haben den „Schwung des geborenen Redners". Wer dagegen „Ausdrucksstärke, gepaart mit Ausdruckshemmung" aufweist, zeigt einen zwar starken, aber „durch Gegenspannung eingedämmten Sprechausdruck". Er spricht „verhalten" und ist bemüht, sich „zusammenzunehmen". „Ausdrucksschwäche, gepaart mit Ausdrucksleichtigkeit" ist vorhanden, wenn eine „schwache, gestaltlose, gleichsam breiige Redeweise" beobachtet wird. Es besteht hier die Anlage zu „dünnflüssiger, gedanklicher und lautlicher Oberflächlichkeit des Schwätzers oder zur zähflüssigen dumpfen Trägheit des Maulfaulen". Wenn „Ausdrucksschwäche" sich schließlich mit „Ausdruckshemmung“ paart, so drückt sich darin „Bescheidenheit, Schüchternheit und Passivität“ aus, die „bei sonst gut Veranlagten ein reiches Innenleben an Verstand und Gefühl keineswegs ausschließt“. Drach schließt seine Feststellungen mit der Bemerkung ab: „In der zwischen diesen vier Haupttypen liegenden fünften Gruppe, der ‚farblos-unpersönlichen Redeweise‘ der braven ‚Mittelware‘, des Durchschnitts, finden sich die Merkmale der Haupttypen in abgeschwächter, verwässerter, gelegentlich auch vermischter Form.“

Wenn man die Einschränkungen beachtet, die wir oben aufzeigten, kann man an Hand dieser Typenlehre manchen wichtigen Schluß, und sei es auch nur ein Wahrscheinlichkeitsschluß, auf Wesensmerkmale des Partners ziehen.

Vom Schweigen und von den Pausen

Es gibt Menschen, die geradezu eine quälende Angst empfinden, wenn einmal im Gespräch eine Pause eintritt, und mit törichten Redensarten sie zu überbrücken suchen. Sie drücken ihren Partnern gegenüber damit im Grunde nur aus, daß sie sich zu ihnen in weitem Abstand fühlen. Je näher man sich einem Menschen weiß, um so leichter wird man das Schweigen ertragen, das sich zuweilen über den Raum legt, ja um so eher wird man auch die stillen Minuten als ausgefüllt erleben. Nur wer schweigen gelernt hat, wird ein rechter Redner sein können, und nur wer gelegentlich mit dem Sprechen solange warten kann, bis ihm etwas einfällt, wird ein guter Unterhalter sein.

Wir unterscheiden ausgefüllte von leeren Pausen beim Gespräch genau so wie in der Musik. Es gibt Sätze, die ebenso wie eine musikalische Tonfolge „ausklingen“

müssen, um recht eigentlich erst zur Wirkung zu kommen. Mag man bei belanglosen Ausführungen manchmal auch den einen durch den anderen Ausdruck gleichsam überdecken und mehr oder minder hastig einen neuen Satz beginnen, so wollen doch gewichtige, zum Nachdenken aufreizende Äußerungen oder solche, die eine besondere Stimmung auslösen sollen, bedachtsam gesprochen sein und durch Pausen ergänzt werden, die zu ihnen genau so gehören wie jedes einzelne der angeführten Wörter.

Ausgefüllt ist eine Pause auch dann, wenn sie vor einem gewichtigen Satze oder auch einem bedeutsamen Worte steht und damit als *Spannungserreger* dient. So etwa in Sätzen wie „Nicht grübeln — Dasein ist Pflicht“ oder „Ein Glück zu zerstören ist leicht, wiederzugeben — so schwer“. Zuweilen kann sie noch ihrerseits vorbereitet werden durch hinweisende Sätze wie „Hören Sie zu, da muß ich Ihnen ein höchst merkwürdiges Erlebnis erzählen ...“ oder: „Was wollte ich Ihnen doch gleich sagen? Ach so, ja! Passen Sie auf!“

Unausgefüllt ist in jedem Falle die *Verlegenheitspause*. Sie wird im Gespräch immer dann eintreten, wenn zwischen zwei Menschen die seelische Verbindung unterbrochen ist, die ja mit der Sprechbereitschaft die Hauptvoraussetzung für ein beiderseits befriedigendes Verhandeln abgibt. Unter Menschen, die einander sehr nahe sind, wird es im Gespräche nie Pausen geben, die eine Verlegenheit auslösen, höchstens solche, die dem Abschluß einer Unterhaltung vorausgehen, auf Müdigkeit hindeuten oder auch eine Verstimmung ausdrücken. Im Gesellschaftsgespräch die Verlegenheitspausen nicht aufkommen zu lassen oder sie baldmöglichst geschickt zu überbrücken, bedarf einiger Gewandtheit und Erfahrung. Im allgemeinen hilft eine *„Phrase“* darüber hinweg. Sie ist keinesfalls nur als Ausdruck einer oberflächlichen geistigen Haltung anzusehen, sondern häufig hat sie als notwendiges Hilfsmittel der Annäherung zu gelten, die zwei Menschen zueinander in der Unterhaltung suchen. Sie stellt Brücken dar, auf denen sie ins Gelände des Gegners vorrücken, oder sie ist ein Mittel, mit dem man den Partner gleichsam abtastet. Man sagt dem Wortlaut nach nichts, was von Belang wäre, aber man spürt doch dabei seinem Gegenüber nach, man nimmt ihn „zur Kenntnis“, läßt seine Stimme auf sich einwirken und nimmt damit einen Teil seines Wesens, so wie er es in dieser Stunde darstellt und abgibt, in sich auf.

Kampf mit der Sprache

Dem Einzelwesen ist weder das Recht noch die Fähigkeit gegeben, sich außerhalb der Gesetze der Sprachgemeinschaft zu stellen; es muß die allgemein üblichen und allgemeinverständlichen Zeichen der Sprache gebrauchen. Was das Auffinden neuer Worte betrifft, so wird der Mensch nur in seltenen Fällen schöpferisch tätig sein können. Einmalig an seine Wesensart gebunden, ist dagegen die ihm eigene Auswahl und Verwendung der Wörter in ihrer Gesamtheit, zumal er sie im sprachlichen Erweiterungsbereich der Lautung gebraucht. Das Ganze ist auch in diesem Gebrauch nicht eine Summe von Teilen, sondern eine höhere Einheit, von der aus erst die organisch ihm verbundenen Teile ihren Sinn und ihre Fügung erhalten.

Die Allgemeinverständlichkeit der Sprache gibt ihr ihren sozialen Wert als *Bindemittel der Gesellschaft.* Sie ermöglicht es mir, daß die Menschen meines Lebenskreises mein Denken, Fühlen und Wollen aufnehmen, wie sie ihrerseits von mir „Verständnis“ für ihre sprachlich zu äußernden Bedürfnisse erwarten. Wenn ich aber als „Individuum“ nun im Grunde doch, auch in meiner seelisch-geistigen Welt, „einmalig“ bin, so kann ich dieser Einmaligkeit nie insofern Ausdruck geben, als ich etwa nur „meine Sprache“ redete, Zeichen gebrauchte, die der nur mir gegebenen einmaligen Erlebnislage völlig gleich wären. Im Gegensatz zum Schreiben bietet mir das Sprechen bei der unendlichen Veränderlichkeit meiner Stimme und Sprechart, die durch die akustischen Erscheinungen der Stimmlage, des Zeitmaßes, der Tonspannung und Klangfarbe bedingt sind, gewiß viele Möglichkeiten, über das Allgemeinverständliche der Worte, die ich gebrauche, hinaus auch das Einmalige der Stimmungs- und Erlebniswerte meines Sprechanlasses wiederzugeben. Ich erfahre aber doch immer wieder, wenn ich mich mitteilen will, die Wahrheit der Erfahrung, die Hermann Paul einmal dahin ausdrückt, daß er meint, die gesprochenen Worte und Sätze seien niemals völlig gleicher Ausdruck der Vorstellungen, welcher der Sprechende damit verbindet, und unsere Vorstellungen seien stets bestimmter und reicher als die Worte, sie enthielten immer noch etwas, was nicht ausgedrückt wird (54).

Der sprechende Mensch, der sich in allem, was er lautlich ausdrückt, auch in den feinsten Regungen seines dem Denken immer verbundenen Fühlens und Wollens, „verständlich“ machen will, steht beständig in einem mehr oder minder heftig geführten Kampf mit der Sprache. Menschen, die eher abstrakt als anschaulich, eher in Formeln als in Worten zu denken gewohnt sind, spüren die Schwierigkeit dieses Kampfes am meisten. Deswegen treten auch Techniker, Mathematiker und Naturforscher im Bereich der Rhetorik im allgemeinen weniger hervor als etwa Rechtskundige, Politiker oder Journalisten. Sie empfinden den Abstand zwischen dem, was sie eigentlich sagen möchten oder sollten und dem, was sie kraft ihres Ausdrucksvermögen sagen können, als so groß, daß sie

u. U. sogar auf den Kampf mit dem Worte verzichten. Die Tragik des *Erfinders*, dessen Verdienste erst der *Kaufmann* auszuwerten versteht, hat nicht zuletzt ihren Grund in diesem Verhältnis des technisch Denkenden zur Sprache. Wen es angeht, der sorge deshalb beizeiten dafür, daß er nicht nur seinen Wortschatz erweitere, sondern auch sich bereit finde, das notwendige Kompromiß zwischen individueller Sprechabsicht und allgemeinem Verständnis einzugehen, ohne das die Sprache und damit auch die Gesellschaft nicht bestehen könnte. Das Unterhaltungsgespräch, zu dessen Art es gehört, daß nicht jedes Wort auf die Goldwaage gelegt wird, bietet ihm die beste Möglichkeit, sich darin zu üben, im Worte nicht immer den völlig der Vorstellung gleichwertigen Ausdruck zu sehen, sondern ihm schon dankbar zu sein, wenn es uns gestattet, „ein Ungefähr der Erscheinungen" (Nietzsche) zu vermitteln.

Aber auch der „wortgewandte" *Redner* kennt die Schwierigkeiten des Kampfes mit dem Worte. Der Hörer ist Zeuge davon, wie er darum ringt, seinen Gedanken das passende Wortkleid zu geben, wie er zuweilen einen eben gefundenen Ausdruck ablehnt, um ihn durch einen zweiten oder dritten zu ersetzen, die beide dasselbe und doch auch nicht dasselbe bedeuten wie der erste. Er weiß, daß häufig nur die Redeform der *Wiederholung* ihm das rechte, tiefe, nachwirkende Verständnis bei seinen Hörern einbringen kann, und sieht in ihr seit Quintilian denn auch eines seiner wichtigsten Wirkungsmittel.

Wenn wir beim Gespräch ein Erlebnis schildern, so wählen wir unter dem Gesichtspunkt dessen, „was wirkt und Eindruck macht" (Nietzsche), aus. Wir begnügen uns damit, „in großen Zügen" zu berichten und mit möglichst wenigen Worten möglichst Vieles dem Hörer zum Bewußtsein und zur Vorstellung zu bringen. Genau so, wie wir im Alltag aus Gründen der Zeit- und Kraftersparnis häufig Einwortsätze gebrauchen, etwa im Gasthaus sagen: „Bitte Kaffee!“ oder „Zahlen!“ Bei derartigen Beschränkungen rechnen wir damit, daß dem Angesprochenen unsere Sprache und Sprechsituation so weit bekannt ist, daß er von sich aus ohne weiteres die notwendigen Ergänzungen sprachlich-formaler aber auch inhaltlicher Art findet. In vielen Fällen handeln wir damit recht. Was aber, wenn der Hörer nach seinem Erlebnis- und Vorstellungsvermögen oder nach seinem sprachlichen Wissen nicht die erwarteten Ergänzungen geben kann, oder wenn er uns falsch ergänzt? Dann tritt das *Mißverständnis* ein. Wollen wir es vermeiden, so geht der Weg nicht über ein pedantisch vorgetragenes Allzuviel, ein schulmeisterliches Aufzählen und Erklären der Berichtseinzelheiten, sondern einzig und allein über die Einfühlung in die Hörer. Der gute Erzähler hält seinen Blick auf seinen Zuhörer gerichtet. Mit dem Auge nimmt er wahr, inwieweit er ihm zu folgen imstande oder bereit ist, und überdies wird er ihm Gelegenheit zu Rückäußerungen geben, die er wiederum als Richtungspfeiler für seinen Bericht gebraucht.

Wie lebenswichtig das Wissen um die Grundgesetze der Sprache ist, weiß jeder, der sich daran erinnern kann, daß er lediglich deshalb mißverstanden wurde, weil man ein Wort, das er ausdrückte, *„wörtlich“* nahm. Er stieß vielleicht bei seinem Hörer auf einen besonders empfindlichen Hintergrund seines Wesens, wo es von ihm gleichsam aufgesogen und damit eines Zusammenhangs beraubt wurde, in dem allein es seinen eigentlichen Sinn gefunden hatte. Deshalb, weil ihnen die Bereitschaft fehlt, vom Ganzen der Sprachäußerung her deren Teile zu verstehen, oder weil sie sich in die Sprechlage des Gegners nicht genügend einfühlen, erleben die meisten Menschen ihre Mißverständnisse. Sie zu veranlassen, wird der Sprecher nie ganz vermeiden können. Er wird jedoch darauf bedacht sein, bei wichtigen Sätzen des Gespräches eine besondere Meinung im Hinblick auf den Gebrauch bestimmter Worte zu erklären und zu begründen.

Das Unzulängliche, das sich aus der *Mehrdeutigkeit* vieler Wörter ergibt, ist eine der wichtigsten Grundlagen des *Witzes*, bei dem es im allgemeinen in freundlicher Absicht bewußt in den Dienst der Unterhaltung gestellt wird. So beruht mancher Streich, den Till Eulenspiegel ausführte, lediglich darauf, daß er Wörtern, die ihm zugesprochen wurden, einen ihnen möglichen, aber nicht allein gegebenen Sinn unterlegt. Man denke etwa daran, wie ihm der Bäckermeister von Uelzen nach allerlei Schelmereien zurief: „. . . das werde ich dem Bürgermeister anzeigen, das sollst du sehen" und er darauf dem Bäcker nachschlich, damit er ja „mit weit aufgerissenen Augen" Zeuge der Anklage sei. Oder wie erreichte er in Bamberg ein Mittagessen umsonst? Indem er die Wirtin in seinem Sinne „beim Worte" nahm und sich darauf versteifte, daß sie auf seine Frage, ob er bei ihr essen könne, geantwortet hatte: „An der Herrentafel ißt man für 24 Pfennige und mit dem Gesinde für 12 Pfennige." „Ich habe aus Euren Worten nichts anderes verstanden", gab er nach der Mahlzeit, als es ans Zahlen gehen sollte, zurück, „als daß ich 24 Pfennige verdienen würde, wenn ich an der Herrentafel äße."

Haben wir in diesen Sätzen einen zum Zwecke der komischen Wirkung bewußt angewandten *„Mißbrauch der Sprache"* festzustellen, so kommt es doch auch zur Genüge vor, daß jemand lediglich deshalb unfreiwillig komisch wirkt, weil er die Sprache in irgendwelchen Ausdrucksformen nicht genügend beherrscht, sich „fahrlässig, ungenau, übereilt oder ungeschickt ausdrückt". Es geschieht dann, „daß ein Satzgebilde ihm anders herauskommt und schließlich ganz anders aussieht, als er es eigentlich gemeint hatte" (80).

Das Selbstgespräch

Das Dasein der Sprache allein gibt den Beweis dafür ab, daß das „In-dividuum" als unteilbar für sich bestehende Einheit, die in der Persönlichkeit gegeben wäre, nur eine Fiktion und keine tatsächliche Erscheinung ist, denn die Sprache, die man sich ohne das menschliche Leben nicht vorzustellen vermag, durchbricht gleichsam beständig die Wände, die ein Einzelgänger glaubt um sich aufstellen zu können. Sie erinnert ihn immer wieder daran, daß „das Du älter ist als das Ich" (Nietzsche).

Diese Erkenntnis muß selbst dem Einsamsten kommen, der sich völlig auf sich selbst stellen möchte. Jeder erfährt sie an sich, der auch nur über einige wache Stunden hin mit sich allein ist. Was man dabei denkt — gleichgültig, ob man es ausspricht oder nur innerlich hört —, ist eine Auseinandersetzung seines Ichs, das sich selbst ein Du oder sogar ein Ihr gegenüberstellt, denn „jeder kann mit sich selbst ein Gespräch führen, sich selbst gegenüber eloquent sein, sobald er die nötige Mehrheit von Momenten in seinem Bewußtsein verwirklicht und seine Individualität in zwei oder drei Personen auseinandersetzt" (80).

Diese Auseinandersetzung mit einem gleichsam auf einen Spiegel projizierten Ich, wie sie das Selbstgespräch zur Voraussetzung hat, ist für die *Lebensgestaltung*, zumal für die Fragen der *Selbsterziehung* und *Weiterbildung* von größter Bedeutung. Das Selbstgespräch ist das Besinnungsgespräch der zielbewußten Persönlichkeit. In ihm findet man die von Goethe geforderte „tägliche Übersicht des Geleisteten und Erlebten", die zur Folge hat, „daß man seines Tuns gewahr und froh werde". Es führt zur Selbstbesinnung, zum Abbau eingebildeter Sorgen und der Lebensangst, und es läßt, in rechter Weise geführt, Kräfte in uns wach werden, die uns zum Lebenskampf nötig sind. Vor allem aber ist es geeignet, Gedanken, die uns irgendwie wesentlich sind, aber noch unausgereift in uns liegen, zur Klarheit zu führen. Indem wir uns zwingen, das, was wir noch unklar empfinden, in Worte zu fassen, wird das von uns gleichsam als ein *„Durcheinander“* empfundene Gedankengut zu einem geordneten *„Nacheinander“*. Die uns selbstverständliche Beachtung der sprachlich-logischen Gesetze hat ihre Rückwirkung auf das Denken selbst, eine Erfahrung, die Johann Gottlob Fichte einmal in die Worte faßte: „Laut Denken gibt überhaupt unseren Begriffen einen neuen Grad von Klarheit und Bestimmtheit. Es bringt Sinnlichkeit und Verstand in eine engere Verbindung, macht die abstraktesten Ideen des letzteren darstellender und die Bilder des ersteren einfacher und geordneter.“

Jene „Mehrheit von Momenten“, die man „in einem Bewußtsein verwirklicht“, kann nicht nur durch die Absonderung eines Du von einem Ich geboten sein, sondern auch durch Dinge, die außerhalb der Persönlichkeit liegen. Es gibt im Rahmen der Selbstgespräche auch solche, die eine Unterhaltung mit Erscheinungen der Umwelt darstellen. Dem *Dichter* ist es besonders gegeben, sich mit der Natur auszusprechen, mit dem Wald und den Blumen, den Bergen und dem Meere, mit den Wolken und den Sternen, mit den Jahres- und Tageszeiten Zwiesprache zu halten oder besser gesagt: in sich die scheinbar stumme Welt der Naturerscheinungen zum Klingen zu bringen und zusammen mit dem Widerklang in sich seine „Antwort“ in rhythmisch bewegte Sätze auszuprägen. Ein Naturgedicht ist der Niederschlag eines Selbstgespräches, wenn man es vom Menschen her betrachtet, eines Zwiegespräches aber, wenn man Himmel und Erde, Wald und Wiese als lebendige Erscheinungen nimmt, die in der ihnen eigenen Sprache jedem verständlich sind, der in sie in gleicher Weise eingeht, wie er sich zu sinnhafter Aussprache in einen Menschen einfühlt. Im Einklang mit der Natur aber vermag man zu erleben, was Lord Byron empfand, wenn er sagte: „Nicht in mir selbst leb' ich allein; ich bin ein Teil von dem, was mich umgibt, und hohe Berge sind mir ein Gefühl..."

Das Klärungsgespräch

Eine Sonderform des Selbstgespräches nennen wir das *Klärungsgespräch*. Irgendwelche Gedanken sind in uns, bedrängen uns und streben nach Entfaltung und Klarheit. Wir versuchen sie vor uns selbst auszuprägen, aber es gelingt uns nicht. Wir zwingen sie nicht, und immer wieder müssen wir es erleben, daß sie uns aus dem Bewußtsein verlorengehen. Da begegnet uns ein Mensch, der uns vertraut ist, der uns liebt oder in irgendeinem Betracht verehrt und deshalb allein schon unsere Nähe als angenehme Unterhaltung empfindet. Er fühlt sich uns vielleicht in irgendeiner Hinsicht unterlegen, oder seine Freundschaft heißt ihn nur im besonderen Falle der heutigen Begegnung hinter uns zurücktreten: kurz, er ist bereit, uns nur als Hörer zu dienen. Er ist im Sinne von Nietzsches Wort über das Zwiegespräch „die einzige Strahlenbrechung des Gedankens", „der Spiegel, in welchem wir unsere Gedanken möglichst schön wiedererblikken wollen", aber er selbst verzichtet in diesem Falle darauf, in uns seine Gedanken zu spiegeln, selbst „Sender" zu sein, und begnügt sich damit, als „Empfänger" zu wirken.

In der *Ehegemeinschaft* zweier Menschen, die sich von Herzen zugetan sind, wird sich das Bedürfnis zum Klärungsgespräch besonders oft einstellen. Der Mann wird vor sich hin Gedanken ausbreiten, die, seiner Berufsarbeit entstammend, von der Gattin vielleicht im einzelnen gar nicht verstanden werden, aber ihre Bereitwilligkeit zum Zuhören löst den Fluß der Gedanken in ihm aus und führt sie damit zur Klarheit. Das Mitdenken ist in der Tat im Bereich des Gespräches unter Menschen, die zusammen in enger seelischer Gemeinschaft leben, weniger vonnöten, als daß sie die Türen offen halten, die in ihre Welten führen. Ja, so ferne sie „aneinander denken, sind die Menschen voneinander getrennt“, sagt der englische Dichter Charles Morgan einmal; „nur wenn sie sich in dieselbe Vorstellung verlieren, dann sind sie für eine Weile eins“. Die „Kreise ihrer Wesen müssen einander schneiden“, wenn sie sich wahrhaft verstehen sollen. Spüren sie dies, so erleben sie die Magie des Klärungsgespräches, das sich zur reinigenden Beichte erhebt. Oder sie finden in sich die Bestätigung dessen, was Goethe in den Satz prägt: „Suchet in euch, so werdet ihr alles finden, und erfreut euch, wenn da draußen, wie ihr es immer heißen möget, eine Natur liegt, die Ja und Amen zu allem sagt, was ihr in euch selbst gefunden habt.“

Von Friedrich Hebbel wissen wir, daß er in seiner schweren Kampfzeit ein starkes Bedürfnis zum Klärungsgespräch hatte. So schreibt er an Elise Lensing (1844): Mir wird das Sprechen immer mehr zum Bedürfnis, je mehr das Schreiben aufhört es zu sein.“ Sein Freund Rudolf von Ihering ist ihm oft der „Empfänger“ gewesen, der geduldig seinen Ausführungen folgte. In den folgenden Sätzen, die er über Hebbel schreibt, legt er den typischen Fall eines Klärungsgesprächs unter Freunden nieder: „Er sprach zu mir, wie der Professor vom Katheder, ohne eine Antwort meinerseits hervorzurufen oder nur möglich zu machen ... und als ich nach solch einem längeren Vortrag, der, wie ich glaube, das Wesen der Kunst betraf, ihm für den Genuß und die Anregung, die er mir gewährt habe, meine Befriedigung ausdrückte, erwiderte er mir, daß er nicht sowohl meinetwegen geredet, als um sich seine Gedanken klarzusprechen! Ich hätte ihm bloß als Wand gedient, gegen die er sprach!"

In unserem Lehrgang „Deutsche Redekunst" (21) geben wir einen Auszug aus einem Aufsatz des Dichters Heinrich von Kleist wieder, der die Bedeutung des Klärungsgesprächs besonders eindringlich darstellt. Kleist handelt „Über die allmähliche Verfertigung der Gedanken beim Reden" und wandelt das Sprichwort „Der Appetit kommt beim Essen" in den Satz um *„Der Einfall kommt beim Sprechen"*. Weiterhin schildert der Dichter, wie er dann, wenn er — im Sinne eines Klärungsgespräches — vor seiner Schwester, als einer ihm zugetanen Hörerin, etwas sprachlich ausdrückte, zu Denkergebnissen kam, die er „durch stundenlanges Brüten nicht herausgebracht" hätte. Kleist hat in seinem Aufsatz eine Erfahrung niedergelegt, die für die rhetorische Erziehungslehre von größter Bedeutung ist. Die Tatsache, daß der Sprechvorgang als solcher die Entwicklung der Gedanken fördert, ja geradezu zu ihrer Klärung notwendig sein kann, gibt eine wesentliche Grundlage der Therapie zur Beseitigung unberechtigter rhetorischer Hemmungen ab. Sie ermahnt überdies dazu, das Gespräch als eine Denkübung zu betreiben, die oft eher zu einem erhofften Ergebnis führt als das stille Nachdenken. Sie warnt ferner davor, auf Einfälle zu hoffen, wenn nicht der Antrieb als Grundlage vorhanden ist, und gibt schließlich dem Gespräch mit vertrauten Menschen sein besonderes Gewicht.

Gespräch unter Freunden

Das Gefühl, es ließe sich von einem Ich zu einem Du hin eine Brücke schlagen, auf der man sich im Rahmen bestimmter Erlebnisstoffe hin und her bewegen könne, gibt wohl jedem Gespräch, das in freundschaftlichem Sinne geführt wird, die erste Voraussetzung ab. Ist jene Brücke mit festen Pfeilern errichtet und ihre Tragfähigkeit erprobt, so schreitet auf ihr der Freund zum Freunde. Manches Gespräch werden Freunde führen, das dem Klärungsgespräch ähnelt, nun aber beide Teile gleicherweise angeht: einer folgt dem andern und führt ihn zugleich, und jeder von ihnen gewinnt das beglückende Bewußtsein der *„Erweiterung seines Ichs"* (Lichtenberg). Es mag wohl Freundschaften geben, deren Grundlage „einerlei Gefühl, einerlei Wunsch, einerlei Hoffnung" ist, und die umso „inniger und edler" sind, „je inniger und edler dies Gefühl, dieser Wunsch und diese Hoffnung" ist, wie Matthias Claudius meint. Was aber das Gespräch unter Freunden betrifft, so schließt es keinesfalls eine Gegensätzlichkeit der Meinungen und damit auch der „Gefühle, Wünsche und Hoffnungen" aus.

Dieser Gegensatz wird oft sogar für die Unterhaltung unter Freunden fruchtbar sein, weil er sich nicht aus persönlichen Motiven, sondern aus der Verschiedenheit der Standpunkte und Blickrichtungen oder auch der Lebensbedingungen ergibt. Er wird ja nicht um seiner selbst willen geäußert, sondern in der Bereitschaft, die Meinung des anderen unvoreingenommen entgegenzunehmen und vielleicht sogar nach entsprechender Einsicht an die Stelle der eigenen zu setzen. Wie wichtig im echten Freundschaftsgespräch das Erfragen der *Gegenmeinung* ist, erhellt aus folgender Lebenserfahrung Jean Pauls: „Man fragt den andern meistens um Rat, nicht, weil man nicht weiß, was man tun soll, sondern weil man es eben weiß, aber ungern tut und vom Ratgeber eine Hilfe für die leidende Neigung erwartet."

Je näher uns ein Mensch steht und je bestimmter wir erwarten, daß die Unterhaltung mit ihm uns zum Gewinn würde, um so notwendiger ist es, die Grenzen der jeweils ichbedingten Bezirke einzuhalten. Wo man auch bei großen Menschen- und Lebenskennern das Wesen der Freundschaft gedeutet findet: immer wieder begegnet man der Erkenntnis, daß wohl Vertrauen ihre erste Grundlage ist, aber Vertraulichkeit für sie eine Gefahr bedeuten kann. „Es ist ratsam, jedem, sei es Mann oder Weib, von Zeit zu Zeit fühlbar zu machen, daß man seiner sehr wohl entbehren könne: das befestigt die Freundschaft", sagt Fr. Schlegel. Auch Goethe warnt vor dem Zuviel gesprochener Darbietung des eigenen Ich, wenn er meint: „Freunde offenbaren einander gerade das am deutlichsten, was sie einander verschweigen."

Vielleicht liegt die schwierigste Aufgabe des Freundschaftsgespräches darin, die Grenzen anzuerkennen, die auch zwischen Menschen bestehen, die einander sehr nahe sind, und neben dem Vertrauen die Ehrlichkeit jederzeit als selbstverständliche Grundlage der Freundschaft zu beachten. „Hollunderfreundschaft" nennt der alte Matthias Claudius eine Freundschaft, bei der „Paul den Peter und Peter wieder den Paul rühmt" und im Grunde „jeder nur sein eigener Freund ist". „Laß du deinen Freund nicht zweimal bitten", so rät er an, „aber wenn's not ist und er helfen kann, so nimm auch du kein Blatt vors Maul, sondern gehe und fordere frisch heraus, als ob's so sein müßte und gar nicht anders sein könne."

Hat man sich gegenseitig erschlossen und ist die Freundschaft zum Lebensbedürfnis geworden, so gibt es unter Freunden weder die Gesprächsausartung *Klatsch* noch jenen gewöhnlich aus gekränktem Selbstgefühl und aus bewußter Neigung zum Mißverständnis entstehenden Zustand, in dem man dem andern etwas „übel" nimmt. Klatsch ergibt sich in vielen Fällen aus übertriebenem Geltungsbedürfnis, aus Neid, Eifersucht und vor allem aus Feigheit, aus Eigenschaften also, wie sie unter wirklichen Freunden nicht aufkommen können, auch wenn sie sich auf andere außerhalb des Freundeskreises stehende Personen erstrecken. Klatsch ist der Erbfeind jeder Kameradschaft, weshalb er mit Recht schon bei Schulbuben, die etwas auf die Ehre ihrer Klassengemeinschaft halten, in Verruf steht. Ihn als Unterhaltungsgegenstand zu nehmen, heißt den Bezirk wahrer Freundschaft überschreiten. In ihm hat auch das „Übelnehmen" nicht Platz. Wenn schon das Mißverständnis nicht zu vermeiden ist, so werden Freunde, sofern sie es aufkommen spüren, die nächste Gelegenheit suchen, sich „auszusprechen", d. h. der Ursache des Mißverständnisses nachgehen und die ihnen notwendige Klärung erstreben.

Das Unterhaltungsgespräch

Aus der Tatsache, daß es sich bei der Unterhaltung in keinem Falle darum handelt, planmäßig in einem Wortgefecht ein bestimmtes Ziel zu erreichen, ergibt es sich, daß es für ihre Führung weniger erlernbare und allgemein gültige Regeln gibt, als wir sie etwa für die „Technik und Psychologie der Verhandlung" (20) aufstellen konnten. Im Bereich der Unterhaltung erweist es sich besonders deutlich, daß die Gesamtbildung der Persönlichkeit für ihre Einzelleistungen entscheidend ist. Wer im ganzen den Anforderungen gewachsen ist, die von der Gesellschaft an ihn gestellt sind, wird auch in Sonderfällen seiner Begegnung mit Menschen und seiner Einwirkung auf sie bestehen können. So ist wie für irgendein anderes Betätigungsgebiet auch für die Unterhaltung die Erziehung zu *sicherem Auftreten* und zu einem *gesunden Selbstbewußtsein* ebenso wie der Erwerb praktischer *Menschenkenntnis* eine wichtige Voraussetzung. Aber während man sich beim Zweckgespräch, bei der Verhandlung oder vor allem als Redner in diesen Eigenschaften lediglich bewähren muß, die Aufgaben der Selbsterziehung also vor der Leistung liegen, ist das Unterhaltungsgespräch auch als vorzügliches *Übungsmittel* für den rhetorisch Beflissenen anzusehen. Es stellt gleichsam die erste Stufe der rednerischen Leistung dar und hat infolgedessen einen bedeutsamen erzieherischen Wert.

Fühlt man sich angeregt, auch über die eigenen Möglichkeiten der Unterhaltung nachzudenken und, dem andern unauffällig, seine Gespräche als Mittel der Selbsterziehung aufzufassen, so wird man bald erkennen, daß sie, recht geführt, den Sprechantrieb, die Sicherheit, den Sprachausdruck und nicht zuletzt auch das Taktgefühl und das Schweigevermögen fördern. Die Frage, wer das Wort in der Unterhaltung „führt", ist nicht, wie bei der Verhandlung, durch den Zweck bedingt, sondern, abgesehen von der Bedeutung der jeweiligen Situation, hauptsächlich durch den in verschiedenen Zeitabschnitten gegebenen Gesprächsstoff.

Eingeleitet wird das Gespräch nach einem ungeschriebenen Gesetz im allgemeinen durch die Persönlichkeit, die eine andere aufsucht oder begrüßt. Die Frage nach dem Befinden oder die *Vorstellung* soll im anderen den Sprechwillen auslösen, der vom Allgemeinen der Begegnungsformeln zum Besonderen des Zusammentreffens führen wird. Wenn auch der Wunsch des A, mit seinem Bekannten B zu plaudern, größer sein mag, als B vielleicht hierzu Zeit und Lust hat, wird A dem B nach der Begrüßung nicht die erste Richtung des Gesprächs angeben. Indem er B nach seinem Befinden fragt, überläßt er es ihm, sich nach Belieben zu äußern. Je nach dem Ausmaß seines Sprechwillens wirft B früher oder später den Ball zurück, und A ist an der Reihe, von sich zu berichten. Verhält er sich gesprächspsychologisch richtig, so wird er nun ein Thema anschlagen, an dem er ebenso wie B teihaben könnte. Spürt er an dem Blick des Partners, daß er eine falsche Richtung einschlug und B sich nur aus Gründen einer äußeren Höflichkeit beteiligt, so wird er sofort einen anderen Stoff aufgreifen, um nicht das erwünschte Zwiegespräch zum hier unangebrachten Selbstgespräch werden zu lassen. Eine Überleitung hierzu aufzusuchen ist unnötig, denn es liegt im Wesen des Gesprächs, daß es sprunghaft geführt werden kann und seine einzelnen Teile keine innere Verbindung benötigen.

Eine besondere Verpflichtung zum *Hören* und *Schweigen* ist uns gegeben, wenn wir an den Gesprächspartner *Fragen* stellen. Wir bekunden damit eine besondere Teilnahme an einem Redestoff, über den wir uns aufklären, belehren oder auch nur unterhalten lassen wollen, und müssen infolgedessen auch dem anderen genügend Zeit einräumen, seine Darlegungen auszubreiten. Ihn hierbei allzu häufig zu unterbrechen oder etwa — was man oft bei lebhaften Sprechern beobachten kann — nach ein paar Sätzen wieder in ein anderes Gebiet hinüberzuwechseln, wäre ein Verstoß gegen die Gesetze des Taktes und der Höflichkeit. Abgesehen von Ausnahmefällen können wir allerdings erwarten, daß unser Partner auch seinerseits die nötige Einfühlung aufbringt und in seinen Ausführungen nicht mit einer Teilnahme oder einem Verständnis rechnet, das er billigerweise bei uns nicht annehmen darf. Verstehen wir ihn in einzelnen Bemerkungen nicht, so ist eine sofortige Unterbrechung geboten, die zur Klärung verwendet wird. Durchaus berechtigt wäre es auch, den Fluß unserer Rede dann aufzuhalten, wenn uns etwa eine Ergänzung oder Ableitung der Darlegungen des Partners einfällt. Er könnte uns derlei Einschiebungen deshalb nicht verübeln, weil er ja keinen Vortrag hält, sondern eben nur zur Unterhaltung seinen Beitrag liefert. Ja, wenn er in rechter Verbindung mit uns bleiben will, wird er uns durch Fragen geradezu antreiben, ihn zu unterbrechen, und immer wieder einmal sich davon zu überzeugen suchen, daß wir ihm folgen.

Die Fehler, die bei einem Gespräch begangen werden, bei dem ein A einem B sachlich überlegen ist, ergeben sich einmal daraus, daß A sich überwertig fühlt und aufführt, d. h. B seine Überlegenheit in kränkender Weise insofern spüren läßt, als er die ihm zufällig eigenen Kenntnisse als selbstverständlich und allgemein verbindlich hinstellt und somit die Haltung des geistigen Knallprotzen einnimmt. In B löst sein Verhalten entweder ein Gefühl der Unterwertigkeit aus, das ihn unsicher werden läßt, oder es stachelt ihn an, Herrn A auf einem Gebiete, auf dem B sich auskennt, möglichst noch zu übertrumpfen: beide Arten von Gesprächen kann man vielerorts, in privaten Zusammenkünften wie etwa in Vereinsgemeinschaften, als Ausdruck menschlicher Eitelkeit und ichhafter Verkrampfung beobachten.

Das Kampfgespräch

Geht das Gespräch um einen Gegenstand, den A ebenso beherrscht wie B, so kann es sich auch im Rahmen der Unterhaltung zum *Kampfgespräch* entwickeln. Der Frage der Einwände und ihrer Begegnung kommt hierbei besonderer Wert zu. Nichts gibt eine bessere Übung in der Kunst der Selbstbeherrschung ab als ein derartiges Gespräch. Will man es mit Vergnügen am Kreuzen geistiger Klingen und mit Gewinn führen, so gilt es gerade in Bezug auf die *Einwände*, sich von gewissen Stimmungsmomenten möglichst frei zu machen. Bei aller persönlichen Wärme, die zur Unterhaltung gehört, muß man bemüht sein, Abstand zu den gefühlsmäßig bedingten Wirkungen des Gesprächsgegners zu finden, d. h. vor allem, sich nicht zum Opfer des eigenen, gekränkten Selbstgefühls zu machen. Jeder Behauptung gleich eine Gegenbehauptung folgen zu lassen, nur damit man sich den Anschein gibt, als sei man auch ein Kerl, der hierin was zu sagen habe, ist das Zeichen von Dummheit. Bringt man Einwände vor, so haben sie nur Sinn und Berechtigung, wenn sie vorher in Gedanken abgewogen und wirklich als gewichtig befunden sind. Sonst bieten sie ja dem Gegner nur willkommenen Anlaß zu neuem Vorgehen. Er nimmt sie an wie ein erobertes Geschütz, das er umdreht und nun — retorsio oppositorum nannten die Alten diesen Kunstgriff — sofort gegen den „Feind“ in Stellung bringt. Weiß A nichts Rechtes gegen die Behauptung des B vorzubringen, so hat er zu schweigen und sich zu überlegen, wie er das verlorene Gelände auf dem Boden des Kampfgespräches wiedergewinnen könnte. Keinesfalls soll er sich darauf versteifen, unter allen Umständen das von B eroberte Geschütz wieder in seinen Besitz zu bekommen. Weit klüger wäre es, neue Geschütze aufzufahren, mit ihnen einen vom Gegner schwach besetzten Frontabschnitt zu beschießen und dann hier einen Sturmangriff vorzunehmen. Glückt der Angriff, dann fällt ihm das früher verlorene Geschütz wie von selbst zu.

So unberechtigt es ist, dem Gesprächsgegner dann zu widersprechen, wenn die rechte Taktik ein Schweigen anrät und vielleicht eine Meinung mit einer Tatsache verwechselt würde, so falsch wäre es, ihm in jedem Falle zuzustimmen, nur um ihm zu schmeicheln oder auch nur aus Angst, den Frieden der Geselligkeit zu stören. Wer selbst angreift, muß eines *Gegenangriffes* gewärtig sein.

So gerne wir es auch mögen, wenn dem Steckenpferd, das wir reiten, ein Zuckerplätzchen ins Maul geschoben wird, und so wenig wir uns den Fangarmen der Schmeichelei entziehen können: der *Widerspruch* gehört, sofern er sachlich berechtigt ist, zum „Spruch". Er kann, ja soll, in höfliche Form gekleidet, unabhängig von der Stellung, die jemand nach Alter, Wissen oder Rang in einer Gesellschaft einnimmt, durchaus vorgebracht werden. Nichts ist auf die Dauer unerträglicher, als wenn einem jemand beständig „nach dem Munde redet" oder in sklavischer Haltung nur immer zustimmend mit dem Kopfe nickt.

Es liegt im Wesen der Unterhaltung, daß man sich in ihrem Bereiche nicht zeitweilig voneinander weiter entfernt, als es möglich ist, um den Weg zueinander wieder zu finden. Merkt man also, daß sich unüberbrückbare Meinungsverschiedenheiten auftun, so wird man auf deren Erörterung zumal dann verzichten, wenn noch weitere Personen zur Gesellschaft gehören. Ausnahmsweise kann es für Unbeteiligte mehr oder minder unterhaltsam sein, wenn die Klingen eines geistigen Kampfes von zwei Partnern gekreuzt werden. Im allgemeinen aber widerspricht es den Gesetzen der Geselligkeit, irgendwelche Teilnehmer daran von der Unterhaltung auszuschließen, ja, sie verpflichtet sogar dazu, sich um den Verlauf eines Gespräches zu bemühen, das geeignet ist, das Interesse aller zu erwecken und wach zu halten. Im geselligen Kreis hat man nicht das Recht, sich völlig willkürlich dem Reiz des Augenblicks hinzugeben, sondern man hat Rücksicht zu nehmen. Gelegentlich muß man auch auf Äußerungen verzichten können, die vielleicht für ein Gespräch mit einem guten Freunde, nicht aber mit einem ferner stehenden Bekannten, vielleicht auch für einen kleinen, nicht aber für einen größeren geselligen Kreis geeignet sind.

Die Verhandlung

Bei einer Verhandlung ist der Wille, ein bestimmtes Ziel zu erreichen, für Art und Verlauf der sprachlichen Äußerung in erster Linie entscheidend. Aber es handelt sich beim Verhandlungsgespräch im allgemeinen nicht darum, den Gegner für sich so weit zu gewinnen, daß er gleichsam der Gefolgsmann des Redners werde: das Ziel ist enger gesteckt und nicht nur für den Verhandlungsführer, sondern für alle Beteiligten zumindest in seiner Richtung festgelegt. Während der Hörer des Redners nicht durchaus dessen Absicht von vorneherein wissen muß, bestimmt eine „*Tagesordnung*" den äußeren Verlauf wie das Ende vieler Verhandlungen. Zur Debatte steht hier oft lediglich die Art, wie das Ziel erreicht werden soll, und gekämpft wird um *Wege*, die beschritten werden sollen, nicht so sehr um grundsätzliche Überzeugungen. Die ethischen Voraussetzungen, die Fragen der Persönlichkeitswirkung treten deshalb hinter die zur Beratung stehende Sache zurück, es sei denn, es würbe jemand für sich selbst, er habe sich selbst im Gespräch darzustellen, und ein Partner zöge aus dem Wie seines Ausdrucks wichtige Schlüsse auf seine Wesensart.

Gern betont man bei Verhandlungen, man wolle sich lediglich „an die Sache halten", und geschickte Gesprächsführer werden sich bemühen, alle rhetorischen Mittel, zumal die Einwirkung auf die Affekte, zwar zu gebrauchen, aber nach außen hin zu überdecken. Da sie bedeutend weniger von der Leidenschaft abhängig sind als der „zündende" Redner, spielen für ihre Einwirkung die Verstandesgrundlagen und das logische Argumentieren eine größere Rolle als für den Redner. Sie wissen, daß der Mensch als einzelner, der jederzeit Gelegenheit hat, den Gegner zu unterbrechen, und unabhängig vom Fluidum der Masse ist, wesentlich verstandesschärfer zuhört, als wenn er Glied eines großen Körpers, einer Hörerschaft von Hunderten oder Tausenden ist, besonders wenn es für ihn um ein „tua res agitur . . .“, ein Behandeln seiner eigenen Angelegenheit geht.

Genau wie der Redner oder auch der Plauderer, dem es nicht auf ein vor anderen geführtes Selbstgespräch ankommt, spricht der Verhandelnde in ständiger Einfühlung in seine Hörer. Sein Stand ist aber nicht der des Redners, der bei aller Rücksicht auf die Hörerpsyche geradlinig auf sein Ziel zusteuern kann, sondern er muß, wie der Unterhalter, mit *Unterbrechungen* rechnen. Zielbewußt sucht er zwar immer wieder auf seinen ihn stets führenden Zwecksatz zurückzukommen, aber er kann doch die unter Umständen wirkungspsychologisch bedenklichen Abwege nicht vermeiden, die zu begehen ihn der Gegner zwingt. Er steht in dieser Hinsicht dem Unterhalter näher als dem Redner, aber seine Position ist wesentlich gefährdeter als dessen Stellung. Der Unterhalter hat durchwegs ihm wohlwollende Hörer, die überdies für sich keinen Vorteil erstreben oder aus den Darlegungen dessen, der gerade spricht, für sich Nachteile wittern. Der Verhandelnde dagegen muß mit Mißtrauen oder zumindest mit Kampfbereitschaft rechnen, aus der sich im Augenblick ein *Angriff* entwickeln kann.

Die psychologischen Voraussetzungen wie der Zweckgedanke des Verhandlungsgespräches bringen es mit sich, daß seine Taktik — ein Begriff, den es für die Unterhaltung nicht geben kann! — in vieler Hinsicht der Führungsweise des Unterhaltungsgespräches geradezu entgegengesetzt ist. Wir stimmen keinesfalls jenen Verhandlungstaktikern zu, die jedes, auch das moralisch verwerflichste Mittel im Hinblick auf ein entsprechendes Ziel für statthaft halten. Wir müssen aber dem Verhandelnden gestatten, alle ethisch einwandfreien Mittel der Logik wie der Psychologie seiner Sache dienstbar zu machen und damit bewußt die Klinge mit dem Gegner zu kreuzen. Derartige Mittel stellen wir ihm in unseren Schriften „Technik und Psychologie der Verhandlung" (20) sowie „Geschäftliche Verhandlungspraxis" (23) zur Verfügung.

Ist Beredsamkeit lehrbar?

Wer die wissenschaftlichen und zugleich praktisch verwertbaren Grundlagen einer heute gültigen deutschen Rhetorik festzustellen bemüht ist, muß dabei von den rhetorischen Systemen der alten *Griechen* ausgehen. Allzuvieles ist von ihnen für uns Heutige jedoch nicht zu entnehmen, denn die Alten sahen in der Beredsamkeit eine Fähigkeit, die häufig gleichsam um ihrer selbst willen geübt wurde. Die Freude an der rednerischen Form, am Spiel mit feingeschliffenen Sätzen bestimmte ihre Lehrweise der rednerischen Schulung in einem Ausmaß, das ein heutiger Redelehrer nicht nur ablehnen, sondern geradezu bekämpfen müßte. Man hat die Rhetorik überhaupt nicht mehr als eine Kunst anzusehen, sondern als eine *Fertigkeit*, die auf solides Wissen, zumal um Sein und Verhalten der Menschen und um die sprachlichen Wirkungsmöglichkeiten sowie auf Einfühlungsvermögen und Verantwortungsbewußtsein gegründet sein sollte.

Ansätze zu dieser Auffassung zeigten sich bereits bei den römischen Rhetoren, wenn sie sagten: poeta nascitur, orator fit (zum Dichter muß man geboren sein, zum Redner aber kann man sich entwickeln). Zum Künstler ist sicher niemand heranzubilden, der nicht eine besondere, ihm von der Natur verliehene Begabung mitbringt, zum Redner aber ist jedermann zu erziehen, sofern er nicht gerade stumm geboren ist. Auch die *Kirchenväter* wie Johannes Chrysostomus lehrten, daß die Rhetorik

„nicht Naturanlage, sondern Sache fleißigen Erlernens" sei, ja Chrysostomus meinte, daß die Beredsamkeit denjenigen, der „hierin den Höhepunkt erreicht habe, im Stiche lasse, der nicht durch anhaltenden Fleiß und beharrliche Übung eine Begabung weiterbildet". Neben vielen anderen großen Rednern von ungewöhnlicher Naturbegabung waren auch Luther und J. G. Fichte davon überzeugt, daß die Rhetorik lehrbar sei. Trotz dieser Zeugnisse lehrt die Erfahrung, daß der *Redegehemmte* keinesfalls leicht von der Lehrbarkeit der Rhetorik zu überzeugen ist, und wir müssen seinem Nachdenken über die Zweckmäßigkeit eigener Bemühungen ein wenig nachhelfen.

Zunächst sei festgestellt, daß die Rede nichts ist, das sich von anderen Sprechakten sonderlich unterscheidet: im Grunde stellt sie nur ein Gespräch unter besonderen Voraussetzungen dar. Auch wenn wir von unseren Hörern durch ein Pult getrennt sind, bleiben wir ihnen verbunden, sind wir von ihnen abhängig, stehen wir mit ihnen in Zwiesprache. Der frei sprechende Redner erfährt diese Tatsache immer wieder. Er weiß, daß er im Aufbau und Ausdruck seiner Ausführungen von dem abhängig ist, was ihm sein Auge von Einstellung und Mitgehen der Hörer vermittelt. Wenn er am Schreibtisch vergeblich nach einer wirksamen Anordnung seiner Gedanken gesucht hat, so erfährt er während der Rede ebenso wie im Gespräch, daß die Gedanken durch den Sprechakt gefördert werden, ja, die Klarheit unseres Denkens oft geradezu erst dann erreicht wird, wenn wir gezwungen sind, sie in Worten zu verdichten, die einen unseren Hörern verständlichen Ablauf nehmen.

Wer sich über das Gesetz von der allmählichen Verfertigung der Gedanken beim Reden klar geworden ist, der wird im Bestreben, falsche Redehemmungen zu verlieren, wesentlich gefördert sein und bald auch die Vorstellung verlieren, als ob eine Mehrzahl von Hörern „gefährlicher" sei denn ein einzelner, an den sich das Gespräch wendet. Es ist jedem psychologisch geschulten Redner leicht, immer wieder Beweise dafür aufzufinden, daß die Aufmerksamkeit und damit — im allgemeinen — auch die Angriffsbereitschaft des Hörers in der Versammlung geringer ist als dann, wenn er sich im Gespräch befindet. Dies erklärt sich allein daraus, daß eine Masse nie der Summe der Einzelwesen gleichzusetzen ist, die sie bildet, sondern der Einzelne in der Masse den organischen Teil eines besonderen Ganzen darstellt.

Wie sich aus diesem flüchtigen Hinweis ergibt, liegt die Lehrbarkeit der Rhetorik nach unserer heutigen Auffassung nicht zuletzt auf psychologischem Gebiet. Allein mit Sprech- und Vortragsübungen ist kein Erfolg zu erzielen, ja es ergibt sich hieraus leicht die Gefahr, daß man zu *„Lippensprechern"* oder *„Schönrednern"* erzieht. Der Verfasser ist der letzte, der die Bedeutung eines gesunden und technisch einwandfreien Sprechens für den Rhetorik-Unterricht verkennt, aber er warnt nachdrücklich davor, anstelle eines notwendigen „sinngemäßen" ein „schönes" Sprechen anzuerziehen.

Auch soweit die Erziehung zum richtigen Sprechen im Vordergrund rednerischer Unterweisung stehen muß, dürfen die psychologischen Voraussetzungen nicht außer acht gelassen werden. Wie man aus Stimmführung und Atmungsart wesentliche Schlüsse auf die seelische Beschaffenheit seines Schülers ziehen kann, so vermag man auch über diese Ausdrucksbewegungen hinaus bei rechter Einfühlung Einfluß auf seine seelische Haltung zu gewinnen.

In allem, was die Sprache im Rahmen der Rhetorik angeht — Wortwahl, Satzbau, Sprechart usw., aber auch die Zielsetzung, den Aufbau der Gedanken —, hat man sich der Worte Friedrich Nietzsches bewußt zu sein, der im Anschluß an Aristoteles meinte, die Rhetorik sei nichts, was zum Gekünstelten, Gemachten führen müsse und irgendwie verwerflich sei, sondern etwas, das sich durchaus dem Wesen der Sprache verbinden läßt, ja aus ihrem Wesen zu erklären ist: „Was man als Mittel bewußter Kunst rhetorisch nennt, war als Mittel unbewußter Kunst in der Sprache und deren Werden tätig, und die Rhetorik ist geradezu eine Fortbildung der in der Sprache gelegenen Kunstmittel." Auch aus diesem Satze ergibt sich ein Beweis dafür, daß die Rhetorik für jedermann erlernbar ist, der nur über ein Sprechvermögen verfügt.

Die „in der Sprache gelegenen Kunstmittel" sind nach Nietzsche vor allem dadurch gegeben, daß die Sprache in ihrem Wesen durch die Kraft bestimmt ist, an jedem Ding das herauszufinden und geltend zu machen, was wirkt und Eindruck macht. Will man diesem Erfordernis als Redner bewußt nachkommen, so ist es vor allem nötig, daß man die Menschen kennt, auf die man mit Worten wirken will.

Die zweckmäßige Vorbereitung

Rednerische *Begabung* ist in erster Linie an die Fähigkeit der Einfühlung in andere Menschen gebunden. Wer nur sich selbst im Mittelpunkt des Geschehens sieht, ichhaft gerichtet die Erscheinungen des Lebens nur immer in sich selbst spiegelt, wird kaum imstande sein, auf die Dauer größeren Einfluß auf andere Menschen auszuüben. Rednerische *Erziehungsarbeit* wird sich in erster Linie darauf richten, den Lernbeflissenen zu veranlassen, das, was er selbst denkt, empfindet und will, von vornherein in Verbindung zu bringen mit dem Denken, Empfinden und Wollen derer, auf die er einwirken möchte.

Bereits wenn man seinen Stoff sammelt und dessen Auswahl zu treffen unternimmt, hat man sich die *Hörer* vor Augen zu halten, die einem voraussichtlich gegeben sind. Nicht daß man sich in der Auswahl des Stoffes allzusehr von dem abhängig machen sollte, was sie vielleicht besonders gerne hören. Will man sie aber beeinflussen, so wird man sich zunächst fragen müssen, was sie denn wohl an *Erwartungen* und auch an *Wissen* zu dem beabsichtigten Vortrag mitbringen.

Spricht man in einer Versammlung, zu der man Angehörige der verschiedensten Bildungsschichten erwarten kann und in der man mit Freunden wie mit Gegnern zu rechnen hat, so ist es notwendig, daß man sich das „Publikum" in Einzelbegriffe zerschlägt. Wohl stellt, wie wir bereits darlegten, eine Hörerschaft einen anderen Begriff dar, als er durch die Summe der einzelnen Hörer gegeben wäre, aber einzelne wichtige Glieder der Hörerschaft in ihren Grundvoraussetzungen und Bedingungen zu erkennen, ist auf alle Fälle im Zustand der Vorbereitung auf eine Rede ein nützliches Beginnen. Es trägt überdies dazu bei, die beim Anfänger leicht vorhandene Neigung, den Begriff der Vielheit der Hörer zu überschätzen, in ihm zurückzudrängen.

Bei dem Versuch, sich seine Hörerschaft in einzelne Typen aufzulösen, mag man ähnlich verfahren, wie es Sokrates im Gespräch mit seinem Schüler Alkibiades einmal tat. Als der große Redelehrer seinen Lieblingsschüler in bedrückter Stimmung in den Straßen von Athen traf, fragte er ihn, warum er wohl den Kopf so ängstlich hängen ließe. Alkibiades bekannte darauf, daß er Angst habe, weil er öffentlich in der Volksversammlung zu reden hätte. Da fragte ihn Sokrates, ob er wohl diese Angst auch empfände, wenn er seine Sache einem einzelnen Kaufmann, einem Handwerker, einem Freunde oder Bekannten vortrüge. Als Alkibiades eine verneinende

Antwort gab, fuhr Sokrates fort: „Aber vielleicht würdest du dich scheuen, darüber einem Ratsmitglied oder etwa deinem Nachbarn zu berichten?" „Keineswegs", erwiderte Alkibiades, „denn mit diesen spreche ich doch fast täglich über meine Sache." — „Nun also", gab der Meister seine Lehre, „warum hast du dann Angst, in der Volksversammlung zu sprechen, die sich ja doch aus nichts anderem zusammensetzt als aus Leuten, zu denen im einzelnen zu sprechen du keineswegs bange bist?"

Die Mahnung des Meisters veranlaßte Alkibiades, bei der Ausarbeitung seines Redeplanes nun auch die verschiedenen Typen seiner Hörer zu beachten. Er sprach nicht mehr zu seiner Hörerschaft schlechthin, sondern eben zu verschiedenen ihrer Gruppen. Damit aber gewann seine Rede an Anschaulichkeit und Eindringlichkeit, da ja jeder Hörer im Grunde nur das annimmt, was ihn persönlich angeht. Die großen Volksredner aller Zeiten wußten über die Bedeutung dieser Tatsache vorzüglich Bescheid. Immer wieder stellt man an ihnen fest, daß der Redner, der die Wirkung seiner Worte genau abwägt, in seiner Vorstellung die Hörerschaft in einzelne Gruppen aufteilt und sein Hauptthema in bezug auf die Erwartungsmöglichkeiten dieser Gruppen jeweils verändert.

Beständig innerlich von den Hörern begleitet, wird man seinen *Redeplan* aufbauen. Nicht nur was die Hörer erwarten möchten, sondern vor allem auch, was sie gegen die Behauptungen des Redners einzuwenden hätten, wird uns in der Vorbereitung deutlich. *Einwände,* die augenscheinlich, wenn nicht mit Worten, so in den Gedanken der Hörer, vorgebracht werden könnten, werden wir unbedingt selbst zu erwähnen haben, und in der Tat ist die Vorwegnahme der Einwände (Prolepsis) einer der wichtigsten rhetorischen Kunstgriffe.

Gleichsam in Rede und Gegenrede entwickeln wir also

in der Vorbereitung unser Thema, wobei wir nicht von der Einleitung, sondern vom Zielsatz und seinen Varianten ausgehen. Nicht die Frage „womit beginne ich?", sondern die Frage *„was beabsichtige ich?"* und *„was ist mein Hauptziel?"* hat uns zunächst zu beschäftigen. Dem Zweck- oder Zielsatz werden sich alle weiteren Gedanken des Themas unterzuordnen haben. Was sich den Hauptgedanken nicht verbindet, sei es in deren Fortsetzung oder in ihrer Ergänzung, hat keinen Platz im Aufbau unserer Ausführungen, ist es doch die erste Pflicht des Redners, sich in der Kunst des Verzichtens zu üben. Durch nichts unterscheidet sich in der Rhetorik der Anfänger vom Könner deutlicher als dadurch, daß er glaubt, durch eine Vielheit von Gedanken und durch eine erschöpfende Darstellung wirksam sein zu können. Wenn für irgendwen, so gilt für den Redner Goethes Spruch: „In der Beschränkung zeigt sich erst der Meister."

Hat man während der Vorbereitung die Hörer ständig vor Augen, so wird man auch im Aufsuchen des rednerischen *Stiles* Vorteile empfinden. Sobald sich die Rede zu formen beginnt, wird man gut tun, sich vom Schreibtisch frei zu machen. Unter der Vorstellung des Raumes, in dem man wird zu sprechen haben, sowie der mutmaßlichen Hörerschaft beginnt man sprechend die Gedanken zu gestalten. Besonders dem motorisch Veranlagten ist es ein Bedürfnis, im Auf- und Abgehen seine Sätze zu bilden, wie man übrigens auch Übungen im richtigen Betonen am besten mit entsprechender Veränderung der Körperlage vornimmt.

Der Stichwortzettel

Die beste Vorlage für die Rede ist der Stichwortzettel. Bei seiner Anlage mache man sich das psychologische

Gesetz von der „lokalen Assoziation" zunutze, d. h. man beachte zur Stützung des Gedächtnisses die Tatsache, daß Gedanken besonders dann leicht in uns haften bleiben, wenn sie sich mit einem Bilde verknüpfen, das mit einem bestimmten Raum verbunden ist. Man wird daher nicht in den Fehler der meisten Redner verfallen, einen Merkzettel anzulegen, der unübersichtlich ist. Man schreibt die Worte, die man als Gedächtnisbrücke glaubt notwendig zu haben, nicht planlos untereinander, sondern faßt sie jeweils in bestimmten *Blöcken* zusammen. Von ihnen kommt der erste auf der linken, der zweite auf der rechten, der dritte wieder auf der linken und der vierte wieder auf der rechten Seite des Zettels zu stehen. Es ist also bei einem sinngemäß angelegten Merkzettel neben jedem Wortblock eine Lücke gelassen, so daß der Redner ohne Mühe sofort, wenn er den Blick auf den Zettel richtet, erfassen kann, wo die für die verschiedenen Teile der Rede aufgezeichneten Worte stehen. Innerhalb der Wortblöcke selbst wird man durch Unterstreichen mit einem Rot- oder Blaustift das besonders Wichtige hervorheben. Niemals sollte ein Stichwortzettel doppelseitig beschrieben und größer als ein Oktavblatt sein. Es empfiehlt sich auch, seine Stichworte nicht mit dem Bleistift, sondern mit dem Füller zu schreiben.

Die von uns vorgeschlagene Anlage des Merkzettels — im Lehrgang „Deutsche Redekunst" (21) findet man ein Muster hiervon abgedruckt — hat noch den weiteren Vorteil, daß man in die zwischen den Stichworten verbleibenden Lücken noch im letzten Augenblick vor dem Auftreten neue Stichworte anbringen sowie sich Mahnungen wie „Langsam!" oder „Tief atmen!" zur Steigerung der Sicherheit vermerken kann.

Oft wird man den Merkzettel gleichsam nur wie einen Talisman bei sich haben. Bei gesellschaftlichen Anlässen etwa hat man einen Zettel vom Format DIN A 6 oder

DIN A 7 in der Hand oder man hält ihn in der Tasche versteckt. Spürt man während des Redens, daß eine Gedankenlücke im Anzug ist — die Natur ist gütig genug, uns hierauf vorzubereiten —, dann nimmt man den Zettel rasch zur Hand, greift das in Frage kommende Stichwort heraus und läßt den Zettel daraufhin wieder verschwinden.

Auch für wichtige *Zweckgespräche* empfehlen wir die Anlage eines Stichwortzettels. Wenn ein Mitarbeiter eines Betriebes seinem Vorgesetzten über verschiedene Geschäftsvorgänge zu berichten hat, so wird der Eindruck, daß er solide vorbereitet ist, sich für ihn günstig auswirken, wenn er einen Stichwortzettel zur Hand hat. Überdies drückt der Zettel aus, daß sein Gebraucher nicht gewillt ist, sich vom Gesprächspartner überrumpeln zu lassen oder darauf zu verzichten, ihm eine vorbedachte Sache vorzutragen. Wer gelegentlich, wenn auch nur aus psychologischen Gründen, auf seinen Merkzettel schaut, gibt damit zu verstehen, daß er den Verlauf des Gespräches zu bestimmen erstrebt.

Die Franzosen haben das Wort vom „esprit d'escalier", vom „*Treppenwitz*" geprägt und bezeichnen damit eine Bemerkung, die man dem Partner im Verhandlungsraum hätte unterbreiten sollen, aber zu spät, eben erst auf der Treppe überlegt. Wenn wir auch immer wieder an uns das „Gesetz der allmählichen Verfertigung der Gedanken beim Reden" in seiner Bedeutung erfahren werden und zumal eine Verhandlung niemals bis in die letzten Einzelheiten vorbereitet werden kann, so wird uns der Stichwortzettel doch davor bewahren, ein Opfer der Taktik des Partners zu werden und wichtige Argumente zu vergessen, die man ihm gegenüber gebrauchen sollte.

Die „Vorlesung"

Der Anfänger sollte zu seiner Übung gelegentlich Gedanken, die er sich als Unterlagen für einen Vortrag vorstellen mag, wörtlich zu Papier bringen. Er übt damit sein sprachliches Ausdrucksvermögen. Auch fremde Texte, Zeitungsaufsätze oder Abschnitte aus Büchern, sollte der Redebeflissene als Unterlagen für „Vorlesungen" gebrauchen.

In der eigentlichen Praxis dagegen wird der Redner nur in Ausnahmefällen sich als Vorleser betätigen. So heißt es in der Geschäftsordnung des Deutschen Bundestages (§ 37): „Die Redner sprechen grundsätzlich im freien Vortrag. Sie können hierbei Aufzeichnungen (Stichwortzettel! Verf.) benutzen. Im Wortlaut vorbereitete Reden sollen eine Ausnahme sein und dürfen nur mit Genehmigung des Präsidenten vorgelesen werden." Selbst wenn der Abgeordnete am Rednerpult nur ein längeres Zitat vorlesen möchte, bittet er den Präsidenten um Genehmigung hierfür.

Vorlesen wird der Abgeordnete des Bundestages oder eines anderen Parlamentes — die meisten Parlamente schränken das Vorlesen ähnlich wie der Bundestag auf Ausnahmefälle ein — zumal dann, wenn er als *Berichterstatter* auftritt. Hierbei handelt es sich ja nicht um ein subjektiv bedingtes geistiges „Eigenprodukt", sondern um eine möglichst objektive Wiedergabe bestimmter Vorgänge.

Im Vereinsleben sowie im Bereich der Wirtschaftsrhetorik wird in jedem Falle das *„Protokoll"* vorgelesen. Auch ein *Jahresbericht* wird im Rahmen der Generalversammlung einer Aktiengesellschaft oder auch vor einem Aufsichtsrat durchwegs wörtlich verlesen. Der *Vierteljahresbericht* aber, den der Unternehmer nach § 69/3 des Betriebsverfassungsgesetzes regelmäßig vor seiner Belegschaft zu halten hat, sollte unter keinen Umständen wörtlich verlesen werden. In diesem Falle ist der Kontakt, den der Redner mit seinen Hörern zu erstreben hat, die Wirkung seiner Persönlichkeit und die richtige Erfassung des Versammlungsklimas so wichtig, daß der Redner nicht die starre Form der wörtlichen Vorlesung, sondern nur die elastische Form des freien oder halbfreien Sprechens verwenden darf.

Für die Wirkung einer „Vorlesung“ von entscheidender Bedeutung ist einmal die Frage, ob der Mann hinterm Rednerpult eine *„Rede“* oder eine *„Schreibe“* niederlegte, und zum anderen die Art, wie er dem Hörer seinen Text nahebringt. Wenn schon der „Papierstil“ für Brief und Aufsatz eine starke Belastung sein kann, so wird er im Rahmen einer mündlich vorzutragenden Niederschrift unerträglich.

Es ist hier nicht der Ort, auf die Eigentümlichkeiten des „Papierstiles“ näher einzugehen: einige Hauptfehler, die er aufweist, hat der Verfasser in seiner Schrift „Wirksame Sprache im Wirtschaftsleben“ (24) aufgezeigt. Alles Verstaubte und Stelzige im sprachlichen Ausdruck gilt es auch für den Redner zu vermeiden, also Wendungen wie: „unter Bezugnahme, in Beantwortung“, ferner substantivierte Verben wie „das Fertigstellen, die Inangriffnahme“ usw. sowie Sätze, die mit „nachdem“ oder „obgleich“ eingeleitet werden.

Der Schreiber, der seine „Rede“ im Arbeitszimmer wörtlich niederlegt, hüte sich ferner vor zu langen Sätzen. *Übersichtlichkeit* und *Anschaulichkeit* ist das Haupterfordernis für den rhetorischen Stil: nichts läuft ihm mehr zuwider als die Neigung eines Schreibers, Bandwurm- und Schachtelsätze zu verwenden. Er lokkere vielmehr seinen Stil gelegentlich sogar durch Anakoluthe auf, d. h. durch Sätze, die grammatisch gesehen unvollständig sind. Beispiele hiefür wie für den richtigen

Satzbau findet man in „Deutsche Redekunst" (21, S. 190ff.). Es sind aber für die Rede oft weit eher psychologische als grammatische Gesichtspunkte, die für die gesprochene Sprache maßgebend sind. Sie strebt immer wieder neuen und dem Einzelfall angemessenen Gesetzlichkeiten zu und beugt sich oft nur schwer den strengen Gesetzen der Grammatik, die nur allzu gerne unabdingbar sein möchten.

Der Hauptfehler des Vorlesers am Rednerpult besteht darin, daß er keinen *Kontakt* mit den Hörern erstrebt. Anstatt seine Vorlage zu beherrschen, ist er gleichsam sklavisch von ihr abhängig. Aus Angst, er könne die Zeile verlieren, die er gerade vorliest, richtet er seinen Blick ausschließlich auf seine Niederschrift, so daß sich auch sein Tonstrom dem Pulte, aber nicht der Hörerschaft mitteilt.

Wenn man schon aus bestimmtem Anlaß vorlesen muß, hat man sich zu bemühen, den mechanisch ableiernden Leseton zu vermeiden, wie ihn die meisten Deutschen leider auch noch in unseren Jahren in der Schule lernten. So wie sie als ABC-Schützen Buchstaben an Buchstaben setzten, lesen sie auch als Erwachsene noch „synthetisch", d. h. reihen sie mechanisch zwar nicht mehr Buchstabe an Buchstabe, wohl aber Wort an Wort an. Sie lernten nie, daß sich der Satz nicht in Wörter, sondern in *Wortblöcke* oder *Sinngefüge* aufteilt und die Wörter immer erst im Zusammenhang miteinander ihre Bedeutung und ihren Wert für das Sinnganze eines Satzes bekommen.

Wir raten jedem, der oft am Rednerpult vorzulesen hat, sich darin zu üben, Texte *sinngemäß* auszusprechen. Bevor er sich hierin versucht, mag er sich die in logischer oder auch psychologischer Hinsicht wichtigsten Wörter rot und die zweitwichtigen blau unterstreichen. Danach bemühe er sich, die vom Sinne zu bestimmenden Unterschiede in der Betonung auszudrücken, also einmal stärker, einmal schwächer zu betonen und nicht zuletzt auch das Zeitmaß seines Sprechens nach dem jeweiligen Sinn einzurichten: das Wichtige wird im allgemeinen langsamer gesprochen als das weniger Wichtige.

Auch für die wörtliche Vorlage am Rednerpult empfehlen wir *Unterstreichungen* mit Farbstiften vorzunehmen. Außerdem möge man die Übersichtlichkeit dadurch fördern, daß man kurze Abschnitte aufzeigt und jeweils einen Zwischenraum läßt. Ist man nicht auf den genauen Wortlaut der Vorlage angewiesen, sondern bereitet man sich „ad verbum" („wörtlich") vor allem aus Gründen der „Sicherheit" vor, so lasse man auf seinen einseitig beschriebenen Blättern im Format DIN A 4 zunächst einen breiten Rand. Nach Niederlegung des Textes sollte man auf diesem Rand die jeweils in Frage kommenden *Stichworte* aufzeigen. Damit erreicht man, daß man, wenn man als Vorleser allmählich „in Fahrt" kommt, wenigstens hier und da halbfrei sprechen kann und auf diese Weise seinen Hörern näherkommt.

Längere *Zitate* aus Büchern, Zeitschriften oder Akten sollte auch der sonst frei sprechende Redner selbst dann wörtlich vorlesen, wenn er sie auswendig wüßte. Ebenso kann man neben die Stichworte, die für die allgemeine Vorbereitung gelten, hie und da Wortfügungen, ja ganze Sätze stellen, die man in der Vorbereitungszeit in besonders guter Formulierung fand. Allerdings hat man, bevor man sie zu wörtlichem Gebrauch aufzeigt, genau zu bedenken, ob sie nicht auch — nach Papier riechen. Spricht man gemeinhin nur nach Stichworten oder schlechtweg frei, dann wird sich ein vor Tagen niedergeschriebener Satz vielleicht nicht dem Rhythmus der frei gehaltenen Rede einfügen, oder das in ihm ausgedrückte Bild widerspricht dem Ganzen der hier und jetzt gehaltenen Rede.

Goethe bleibt stecken ...!

In seinen „Gesprächen mit Goethe" berichtet J. P. Eckermann unterm 14. April 1831, daß „einer der älteren anwesenden Herren, der sich noch mancher Dinge aus den ersten Jahren von Goethes Hiersein erinnerte, in einer Gesellschaft folgendes sehr Charakteristische erzählte: ‚Ich war dabei', sagte er, ‚als Goethe im Jahre 1784 seine bekannte Rede bei der feierlichen Eröffnung des Ilmenauer Bergwerks hielt, wozu er alle Beamten und Interessenten aus der Stadt und Umgebung eingeladen hatte. Er schien seine Rede gut im Kopfe zu haben, denn er sprach eine Zeitlang ohne allen Anstoß und vollkommen geläufig. Mit einem Male aber schien er wie von seinem guten Geiste gänzlich verlassen, der Faden seiner Gedanken war wie abgeschnitten, und er schien den Überblick des ferner zu Sagenden gänzlich verloren zu haben. Dies hätte jeden anderen in große Verlegenheit gesetzt, ihn aber keineswegs. Er blickte vielmehr wenigstens zehn Minuten lang fest und ruhig in dem Kreise seiner zahlreichen Zuhörer umher, die durch die Macht seiner Persönlichkeit wie gebannt waren, so daß während der sehr langen, ja fast lächerlichen Pause jeder vollkommen ruhig blieb. Endlich schien er wieder Herr seines Gegenstandes geworden zu sein, er fuhr in seiner Rede fort und führte sie sehr geschickt ohne Anstoß bis zu Ende und zwar so frei und heiter, als ob gar nichts passiert wäre'."

Wir wollen annehmen, daß sich bei dem Erzähler im Laufe von 47 Jahren die Zeitvorstellung verändert hat und Goethe nicht über die schier unmögliche Frist von zehn Minuten, sondern vielleicht nur zwei oder drei Minuten steckenblieb.

Die Vorstellung, auch nur über diese Zeit hin am Pulte zu stehen und nicht weiterreden zu können, würde jedem unserer Leser das Blut in die Schläfen treiben und Angstträume verursachen. In den Boden möchten wir wohl in einer solchen Lage versinken oder mit allen Kräften im Eilzugstempo davonlaufen ...

Goethe aber blieb stehen und schaute „fest und ruhig im Kreise seiner zahlreichen Zuhörer umher". Wie ihm dies möglich war? Der Erzähler hat es noch nach so vielen Jahren in Erinnerung, wie der große Schauende mit seinem Blick, in dem sich die Macht seiner Persönlichkeit offenbarte, seine Hörer bannte.

Diese Macht fehlt uns bescheidenen Geistern. Aber wir können aus Goethes Verhalten doch lernen, daß auch für eine peinliche Situation am Rednerpult nur derjenige verloren wäre, der sich selbst aufgibt. Der *Blick* übernahm im Postsaal zu Ilmenau über Minuten des unfreiwilligen Schweigens hin die Aufgabe der Stimme, nämlich den Kontakt mit den Hörern zu erhalten. Hätte der Redner, wie es so oft in Lagen der Unsicherheit geschieht, den Blick aufs Pult hin oder der Saaldecke zugewandt, so wären sie sicherlich unruhig geworden.

Goethes Versagen in Ilmenau ist um so auffälliger, als er von sich selbst sagt, es sei ihm „vom Vater eine gewisse lebhafte Redeseligkeit angeerbt" und der berühmte Phrenologe Gall von ihm meinte, er sei eigentlich zum Volksredner geboren. Irmgard Weithase schreibt überdies in ihrer Untersuchung „Goethe als Sprecher und Sprecherzieher" (83): „Wie stark ... Goethes Neigung zur Redekunst war, geht auch daraus hervor, daß seine Freunde seine Abneigung gegen das Studium des Zivilrechts zu verringern suchten, indem sie ihn zuerst zum Studium der Geschichte des Staatsrechts und der Redekunst zu führen gedachten, ein Vorhaben, welches ihnen hinsichtlich der Redekunst so glückte, daß Georg Schlosser Goethe darauf aufmerksam machen mußte, daß sie auf dem Wege waren, bessere Redner als Juristen zu werden."

Noch erstaunlicher wird uns der oben geschilderte Vorgang, wenn wir erfahren, daß Goethe nicht nur eine gute Redegabe zugesprochen wurde, sondern auch ob seines „bewunderungswürdig treuen Gedächtnisses" noch ein Jahr vor seinem Tode gelobt wird.

Die Frage, wie es trotz der so günstigen Voraussetzungen in rednerischer Hinsicht möglich war, daß Goethe in Ilmenau steckenblieb, löste sich uns, als wir im 40. Band der Cottaschen Jubiläums-Ausgabe seiner Sämtlichen Werke die Anmerkung fanden: „Während Goethe im Saale des Posthauses die Rede hielt, wurde sie im Druck unter die außen versammelten Bergleute verteilt."

Aus dieser Bemerkung ergibt sich unzweideutig, daß der Herr Minister seine Rede vor seinem Auftreten wörtlich niedergelegt hatte und — *auswendig gelernt* vortragen wollte.

Hätte der Dichter einen Prolog in Versen zur Eröffnung des Bergwerks abgefaßt und auswendig gelernt wiederzugeben versucht, so wäre ihm das *Mißgeschick des Steckenbleibens* sehr wahrscheinlich nicht passiert: die Verse hätten sich ihm fester eingeprägt als die nüchterne Redeprosa. Vor allem aber kann eine Dichtung viel leichter und ohne große Abhängigkeit des Sprechers von seinem Hörer „vor-getragen" werden als ein am Schreibtisch festgelegter Redetext.

Eine Rede ist in jedem Falle eine Auseinandersetzung eines einzelnen mit einer Anzahl von Menschen, die ihm gegenübersitzen und mit ihm stumme Zwiesprache halten. Das Fluidum, das von ihnen ausströmt und sich dem Redner mitteilt, wird im Verlauf der eigentlichen Rede, d. h. jenes Vorgangs, bei dem im Augenblick entstehende oder vorüberlegte Gedanken ihre tönende Formulierung erst während des Sprechens finden, immer wieder auf den Redner, sein Denken wie sein Empfinden einwirken und damit auch den Verlauf seiner Ausführungen bestimmen. Hat er am Schreibtisch, fern von den Hörern seine „Schreibe" niedergelegt und dann jedes Wörtchen seinem Gedächtnis eingeprägt, so liegt es nahe, daß unter der Einwirkung der Hörer wie auch des Raumes und anderer rhetorischer Imponderabilien plötzlich die Kette der vorher sprachlich genau fixierten Gedanken abbricht.

Nicht ohne Grund bezieht sich der Begriff des *„Lampenfiebers"* in erster Linie auf den Sänger oder Schauspieler, der von der Bühne her etwas wörtlich Fixiertes vorzutragen hat, und zwar ausdrücklich, wenigstens was den Wortlaut seiner Texte betrifft, ohne jede Rücksicht auf die von uns angeführten Einwirkungen des Publikumsgeistes. Er kann sich nicht etwa, wie der Redner, wiederholen, wenn er spürt, daß man ihn nicht verstand, oder Worte in seine Ausführungen einfügen, die zur Erläuterung dienen können. Aus dieser seiner Aufgabe gemäßen Beschränkung auf den eingeprägten Text können sich Spannungen in ihm ergeben, die sehr wohl zu einem mißlichen Versagen zu führen vermögen.

Wie der Schauspieler leidet oft auch der *Prediger* unter „Lampenfieber" oder — in diesem Falle besser gesagt — unter Redeangst. Noch immer werden die Theologiestudenten beider Konfessionen angehalten, ihre Predigten „ad verbum" vorzubereiten, jedes Wort, das sie am Altar oder auf der Kanzel zu sagen gedenken, zu Papier zu bringen, um danach ihre Predigt auswendig zu lernen. Es ist nur allzu naheliegend, daß das wörtliche Memorieren für den Prediger noch mehr Schwierigkeiten im Gefolge haben kann als für den Schauspieler und geradezu die Redeangst erzeugt. Es mag sein, daß für den jungen Prediger noch das bedrückende Gefühl die Unsicherheit steigert, daß er, wenn er von der Kanzel etwas auswendig Gelerntes vorträgt, viel von der unmittelbaren, gerade dem geistlichen Redner notwendigen Eindringlichkeit des Sprechens verliert und seine Stimme gerade von der Kanzel her, wenn sie nicht gebunden ist an das jederzeit schöpferisch-spannende, eigentlichrhetorische Gestaltungsvermögen leicht hohlpathetischunecht wirkt.

Wo der Verfasser Gelegenheit hatte, geistliche Redner oder Theologiestudenten rhetorisch zu unterweisen, hat er ihnen nahegelegt, sich die innere Sicherheit dadurch zu fördern, daß sie sich, genau so wie die weltlichen Redner, einen *Merkzettel* zulegen, der unauffällig auf der Kanzel, u. U. auch in einem dort aufliegenden geistlichen Buche liegt. Fest einprägen soll sich der Redner auf der Kanzel wie am Rednerpult immer nur die *Richtungspfeiler* seiner Ausführungen und nach Möglichkeit das jeweilige Bild des Merkzettels mit seinen farbigen Unterstreichungen und seinen blockartig aufgezeigten Wortfolgen.

Unliebsame und erwünschte Zwischenfälle

Wer an eine wörtliche Vorlage gebunden ist, setzt sich nicht zuletzt auch der Gefahr aus, bei irgenwelchen *Zwischenfällen* in Verlegenheit zu kommen.

Wie oft kommt es vor, daß ein Referent sich auf eine längere Redezeit einstellt, als der Versammlungsleiter ihm zubilligen kann! Da wurde, ohne daß der von auswärts kommende Hauptreferent einer Tagung hiervon wußte, vor oder nach seinem Auftreten ein zweiter Vortrag auf die Tagesordnung gesetzt, oder die Aussprache zu dem einen Referat dauert länger, als vorgesehen war, so daß dem zweiten Referenten, kurz, bevor er beginnen soll, die Redezeit beschränkt werden muß. Einige Stichworte sind in diesen Fällen auf dem Merkzettel schnell gestrichen. Wie schwierig ist es aber, die wörtliche Vorlage in Gedanken oder nach der Niederschrift zu kürzen! Da hat man etwa schon in der Einleitung auf dies und das hingewiesen, was man nun doch weglassen müßte, oder man legte Übergänge nieder, die jetzt keine Gültigkeit mehr haben. In aller Eile sucht der in seiner Vorbereitung doch so gewissenhafte Referent hier und da Striche auf seinem Zettel anzubringen. Aber er kann sich zu seinem Leidwesen nicht konzentrieren, denn ein anderer erfüllt vom Pult aus den Saal mit tönenden Worten, und überdies: was ist denn nun wichtig in der Vorlage und was nicht . . .? Ehe sich's der Referent versieht, wird sein Vortrag schon der Versammlung angekündigt, und unter Hangen und Bangen, mit erregtem Herzschlag und quälendem Lampenfieber betritt er das Podium.

Nicht viel besser ergeht es dem Vorleser, wenn das Licht am Pult plötzlich versagt, wenn es bei einer Vorlesung im Freien zu regnen beginnt, vor allem aber, wenn seine Ausführungen *Zwischenrufe* im Gefolge haben.

Der deutsche Rundfunkhörer, der aus dem Bundestag oder einem andern Parlament eine Übertragung aufnimmt, neigt dazu, es als disziplinlos und undemokratisch anzusehen, wenn die Redner gelegentlich durch gegnerische Zwischenrufe unterbrochen werden.

Gewiß hat ein Parlamentspräsident wie jeder Versammlungsleiter die Pflicht, lediglich auf Störung der Versammlungsordnung hinzielende Zwischenrufe zurückzuweisen, denn seine Aufgabe ist es u. a., wie es in der Geschäftsordnung des Bundestages (§ 7) heißt, „die Würde und Rechte des Hauses sowie die Ordnung im Hause zu wahren". Der Bundestagspräsident „kann Abgeordnete, wenn sie die Ordnung verletzen, mit Nennung des Namens zur Ordnung rufen" (§ 40) und ihnen nach dem dritten Ordnungsruf das Wort entziehen (§ 40).

Einen Ordnungsruf wird der Präsident zweifellos einem Zwischenrufer auch dann erteilen, wenn er beleidigende Äußerungen tat, keinesfalls aber wird er sich das Recht zubilligen, einen sachlichen Zwischenruf zurückzuweisen. Eine derartige Bemerkung aus den Reihen der Abgeordneten gehört vielmehr zu den parlamentarischen Verhandlungen, heißt es doch in der Geschäftsordnung des Deutschen Bundestags (§ 120): „Ein Zwischenruf, der im stenographischen Bericht festgestellt worden ist, bleibt Bestandteil des stenographischen Berichts, es sei denn, daß mit Zustimmung des Präsidenten und der Beteiligten eine Streichung erfolgt."

Ein geschickter Parlamentarier oder ein Volksredner wird Zwischenrufe zu geeigneter Zeit geradezu aus den Hörern herauszulocken versuchen, wenigstens aus seinen Parteifreunden und sonstigen Anhängern seiner Sache. Er weiß, daß seine Rede in gefühls- und willensmäßiger Hinsicht nur gewinnen kann, wenn seine Worte an passender Stelle durch ein „Hört! Hört!", ein „Sehr richtig!" oder ein mit Händeklatschen verbundenes „Bravo!" unterstrichen werden. Manchmal reizt er die Versammlung durch Fragen oder zum Widerspruch anregende Behauptungen zu Zwischenrufen an.

In dieser Kunst zeigt sich Mark Anton in Shakespeares Drama „Julius Cäsar" als hervorragender Meister. In der Rede, die er mit Erlaubnis seines Widersachers Brutus nach Cäsars Ermordung vor dem römischen Volke hielt, zieht er plötzlich ein Pergament aus der Toga, das er als Cäsars Testament den Hörern zeigt. Sogleich aber erklärt er, daß er den Text nicht zu lesen denke. Diese Bemerkung hindert ihn aber keinesfalls daran, in den nächsten Sätzen die Neugierde seiner Hörer bis zum äußersten zu erregen, so daß das Volk nunmehr von sich aus die Verlesung fordert. Kurz danach ruft er aus: „Ich fürcht, ich tu den ehrenwerten

Männern zu nah, von deren Dolchen Cäsar fiel!" Ganz in seinem Sinne greift das Volk das ironisierte Beiwort „ehrenwert" auf, aber — wie gewünscht! — mit dem Zusatz: „Sie sind Verräter!" Damit hat Mark Anton nach der Erfahrung gehandelt, daß das beste Werturteil nicht das ist, das man als Redner selbst äußert, sondern das auszusprechen der Hörer durch geschickte psychologische Einwirkung des Redners veranlaßt wird.

Wie ein Referent oder ein Diskussionsredner nie einen Vorredner unmittelbar in Sie-Form, sondern immer in dritter Person — „der Herr Vorredner" — anreden sollte, bedenke man auch im Falle der *Erwiderung* von *Zwischenrufen*, daß jeder Redner in einer Versammlung immer zu allen Teilnehmern zu sprechen hat und eine Rede kein Zwiegespräch mit einzelnen Hörern abgeben darf. Geradezu gefährlich für die Gesamtwirkung kann es sein, wenn sich der Redner durch Zwischenrufer in die Defensive drängen läßt und seine Erwiderung nur immer weitere Zwischenrufe im Gefolge hat. Hier hat, wenn es dem Redner selbst nicht gelingt, Einhalt zu gebieten, der *Versammlungsleiter* einzugreifen.

Man sollte grundsätzlich nur dann auf Zwischenrufe eingehen, wenn man eine passende, schlagkräftige Antwort bereit hat. Ist dies nicht der Fall, dann mag gelegentlich, zumal dann, wenn der Zwischenruf als gewichtig auffiel, die *„Aufschiebetaktik"* angebracht sein, die ja auch bei Verhandlungen eine Bedeutung haben kann. Mit einer Bemerkung wie: „ich komme später darauf zu sprechen . . ." verschafft sich der Redner Zeit und läßt sich nicht aus dem Konzept bringen, eine Gefahr, der ein Anfänger nur allzu leicht unterliegt.

Reden aus dem Stegreif

In seinem Aufsatz „Über die allmähliche Verfertigung der Gedanken beim Reden" weist uns Heinrich von Kleist den Schlüssel zu, der zum Verständnis der Stegreifrede führt, wenn er schreibt:

„Es liegt ein sonderbarer Quell der Begeisterung für denjenigen, der spricht, in einem menschlichen Antlitz, das ihm gegenübersteht, und ein Blick, der uns einen halb ausgedrückten Gedanken schon als begriffen ankündigt, schenkt uns oft den Ausdruck für die ganze andere Hälfte desselben. Ich glaube, daß mancher große Redner, in dem Augenblick, da er den Mund aufmachte, noch nicht wußte, was er sagen würde. Aber die Überzeugung, daß er die ihm nötige Gedankenfülle schon aus den Umständen und der daraus resultierenden Erregung seines Gemüts schöpfen würde, machte ihn dreist genug, den Anfang auf gutes Glück hin zu setzen."

An einem Beispiel aus der Geschichte der Französischen Revolution erläutert Kleist ein psychologisches Geschehen von allgemeiner Gültigkeit, wie man es immer wieder an sich selbst im Gespräch oder als Versammlungsteilnehmer beobachten kann. Kleist schreibt weiterhin: „Mir fällt jener ‚Donnerkeil!' des Mirabeau ein, mit welchem er den Zeremonienmeister abfertigte, der nach Aufhebung der letzten monarchischen Sitzung des Königs am 23. Juni, in welcher diese den Ständen auseinanderzugehen anbefohlen hatte, in den Sitzungssaal, in welchem die Stände noch verweilten, zurückkehrte und sie befragte, ob sie den Befehl des Königs vernommen hätten. ‚Ja', antwortete Mirabeau, ‚wir haben des Königs Befehl vernommen'; ich bin gewiß, daß er bei diesem humanen Anfang noch nicht an die Bajonette dachte, mit welchen er schloß: ‚Ja, mein Herr', wiederholte er, ‚wir haben ihn vernommen'. Man sieht, daß er noch gar nicht recht weiß, was er will. ‚Doch was berechtigt Sie', fuhr er fort — und nun plötzlich geht ihm ein Quell ungeheurer Vorstellungen auf —, ‚uns hier Befehle anzudeuten? Wir sind die Repräsentanten der Nation'. — Das war es, was er brauchte: ‚Die Nation gibt Befehle und empfängt keine' — um sich gleich auf den Gipfel der Vermessenheit zu schwingen. ‚Und damit ich Ihnen ganz deutlich erkläre' — und erst jetzt findet er, was den ganzen Widerstand, zu welchem seine Seele gerüstet dasteht, ausdrückt —, ‚so sagen Sie Ihrem König, daß wir unsere Plätze anders nicht, als auf die Gewalt der Bajonette verlassen werden' — worauf er sich, selbstzufrieden, auf einen Stuhl niedersetzte."

Kleist hat im ersten Teil des von uns angeführten Aufsatzes unbewußt eine Erklärung dafür gegeben, daß Mirabeau ohne jede Vorbereitung dem Zeremonienmeister Ludwigs XVI. eine so treffende Antwort geben konnte. Er schreibt nämlich in Hinblick auf eigene Erlebnisse im Bereich der „allmählichen Verfertigung der Gedanken beim Reden": „. . . weil ich doch irgendeine dunkle Vorstellung habe, die mit dem, was ich suche, von fern her in einiger Verbindung steht, so prägt, wenn ich nur dreist damit den Anfang mache, das Gemüt, während die Rede fortschreitet, in der Notwendigkeit, dem Anfang nun auch — ein Ende zu finden, jene verworrene Vorstellung zur völligen Deutlichkeit aus, dergestalt, daß die Erkenntnis, zu meinem Erstaunen, mit der Periode fertig ist."

Das Erscheinen des Zeremonienmeisters im Pariser Parlament erregte zweifellos den innern Widerspruch des Oppositionsführers Mirabeau, der sich zunächst nur gefühlsmäßig in ihm regen mochte. Das Gefühl des *Mißbehagens* steigerte sich sehr rasch in ihm zu einer *Geste der Abwehr*, die am Anfang vielleicht nur körperlich aus ihm sprach und ihn schließlich zwang, „seinem Herzen Luft zu machen", wie uns die Sprache diesen Zustand so sinnfällig ausdeutet.

Aus einem gleichsam untersprachlichen Antrieb steigen bei Mirabeau allmählich die Worte auf, und er gibt uns mit seinem Verhalten zwei wesentliche Hinweise. Zunächst können wir von seinem Beispiel die Warnung ableiten, nie improvisiert als Redner zu sprechen, wenn wir nicht jenen Antrieb oder im Sinne Kleists zumindest eine „dunkle Vorstellung" dessen haben, was wir später ausdrücken werden. Zum andern zeigt uns der große Redner der Französischen Revolution auf, wie wir eine unvorbereitete Stegreifrede aufzubauen haben.

Sei es, daß wir, ohne darauf vorbereitet zu sein, mit einer Ansprache geehrt werden und gleich danach antworten müssen, sei es bei sonstigen privaten oder beruflichen Anlässen oder auch bei der Diskussion: in all solchen Fällen werden wir uns nach Möglichkeit den *Zielsatz* schnell überlegen. Haben wir selbst hierzu keine Zeit — wie es Mirabeau erging! —, so knüpfen wir am besten an die Worte des Vorredners an oder sprechen, unter andern Umständen, vom *Anlaß*, der unserm Auftreten gegeben ist. Wir gewinnen damit Zeit, unsern zunächst vagen Antrieb deutlich in eine bestimmte Richtung zu weisen und die Worte in uns aufsteigen zu lassen, die unser Fühlen und Denken „verdichtet" ausdrücken. Wichtig ist bei diesem Vorstadium unserer Stegreifrede, daß wir am Anfang so *langsam* wie nur möglich sprechen und uns nicht von jenem zunächst untersprachlichen Antrieb hinreißen lassen, den ersten Satz in übersteigertem Tempo in die Versammlung zu schleudern.

Der improvisierende *Diskussionsredner* wird sich zuweilen in einem Zustand befinden, in dem ihm zwar kein neues vorzutragendes Argument mehr einfällt, er aber doch das Gefühl hat, es könnte vielleicht noch von ihm etwas gegen den Vorredner vorgebracht werden. Da wird er eine Äußerung gebrauchen wie: „Das wäre wohl im wesentlichen das, was ich gegen die Argumente meines Herrn Vorredners vorzubringen habe . . .“ Mit diesem an sich nichtssagenden Satz gewinnt er wiederum Zeit. Es ist durchaus möglich, daß ihm, während er mit diesen Worten „schwamm“, also redete, ohne produktiv zu denken, noch ein Einfall zu seiner Sache kommt. Dann fährt er mit Worten fort wie: „Da fällt mir übrigens noch ein . . .“ und bringt weitere Argumente vor. Eine Rede ist eben keine Schreibe; sie kann Sprünge und stilistische Unebenheiten aufweisen, die für die Schriftsprache unmöglich sind.

Gefahren der Improvisation

Uns sind Redner bekannt, die sich auch auf stundenlange Referate nicht vorbereiten. Sie treten ans Pult, ohne im Augenblick, in dem sie die Anrede formulieren, zu wissen, was sie eigentlich sagen wollen, und überlassen sich völlig dem Einfall während des Sprechens. Redegewandt, wie sie sind, mit einem reichen Sprachschatz ausgerüstet, überlassen sie sich dem Winde, der ihr Boot antreibt, ohne daß sie dem Steuer eine bestimmte Richtung geben. Manchmal mag die Fahrt gut gehen, meist aber treiben sie Wind und Wellen in Untiefen oder sie kommen zum Kentern. Angetrieben von einem direktionslosen Mitteilungsdrang plaudern sie vielleicht etwas aus, was sie hätten hier und jetzt verschweigen sollen. Oder sie treten vom Rednerpult ab, ohne das eigentlich Wichtige gesagt zu haben.

Der Redelehrer, der einen Schüler zu unterweisen hat, dem das Sprechen in einer Versammlung allzu leicht fällt, so daß er glaubt, ohne Vorbereitung in jedem Falle das Wort ergreifen zu können, sollte sich dem Leichtfuß gegenüber eines Wortes seines großen Kollegen Isokrates erinnern. Er sagte von sich, er gebrauche bei Ephoros, dem einen seiner Schüler, den *Sporn*, bei Theopompos dagegen, dem anderen, den *Zügel*. Isokrates wollte damit sagen, daß derjenige Redebeflissene, der allzu ängstlich und übertrieben vorsichtig das Wort anwende, von seinem Lehrer enthemmt und angetrieben werden müsse, während sein Gegentyp, dem das Reden allzu leicht fiele, in die Schranken des verantwortungsbewußten Redners zu verweisen sei.

Was Friedrich Naumann vor vierzig Jahren aus dem reichen Schatz seiner Erfahrungen als einer der hervorragendsten politischen Redner seiner Zeit niederlegte, gilt heute wie eh und je: „Gute Reden wollen vorher überlegt sein. Sie entstehen in der Studierstube, im Wald, im Zwiegespräch, denn der Redner muß vorher wissen, was er vortragen will, sonst hat er kein Recht, sich vor andere hinzustellen. Natürlich kann beim Reden in Versammlungen nicht jeder Redner vorbereitet erscheinen, aber es ist auch in der Debatte unerträglich, wenn sich Leute melden, die im Hinaufschreiten noch nicht ahnen, was aus ihrem Munde herauskommen wird. Wenn ihnen gegenüber die Versammlungen unruhig werden, sind die Versammlungen nicht zu tadeln. Das schöne Bürgerrecht der freien Rede fordert, daß der einzelne sich genügend kenne, ob er etwas zu sagen hat oder nicht und ob er es sagen kann; es ist ein Recht für taktvolle Menschen, nicht aber für beliebige Schwätzer . . ." (49).

Eine besonders peinliche Folge kann das Reden aus dem Stegreif dann noch haben, wenn man in gewissen Zeitabständen vor derselben Hörerschaft öfters zu sprechen hat. Gerade wenn man „frei" spricht, wird man ja keinesfalls immer etwas Neues zu sagen haben. Im Gegenteil, in vielen Fällen läßt gerade der Stegreifredner, um ein Bild zu gebrauchen, eine bestimmte Platte ablaufen, die er mit seiner Feld-, Wald- und Wiesenrede irgendwann einmal besprach, d. h. er verliert sich, ohne daß er es wollte, nur allzu leicht in irgendwelchen *„Lieblingsgedanken"*. Spricht er nun nach vierzehn Tagen dieselbe Hörerschaft mit denselben Ausführungen an, so kann die Wirkung peinlich sein. Um eine unangebrachte Wiederholung zu vermeiden, empfehlen wir deshalb, selbst dann, wenn man einen Merkzettel verwandte, aber während der Rede wichtige Einschaltungen vornahm, nach jeder Veranstaltung kurz den Verlauf der frei oder halbfrei gehaltenen Ausführungen aufzuzeigen. Man tut gut daran, überdies auch ein *„Veranstaltungstagebuch"* zu führen, in das man u. a. Ort, Zeit, Besuchsziffern der Veranstaltung, den Verlauf der Diskussion und auch Bemerkungen über die Wirkungen seines Referats — unter etwaigem Hinweis auf Zeitungsbesprechungen — eintragen sollte.

Es gibt Sprechlagen, in denen selbst ein noch so geübter Redner in Verlegenheit kommen kann, wenn er nicht einen Merkzettel zur Hand hat. So erlebte der Verfasser einmal einen peinlichen Zwischenfall, als ihn ein Vorsitzender der Versammlung vorzustellen hatte, eine gewiß einfache rhetorische Aufgabe, die sich im allgemeinen ohne jede Vorbereitung leicht lösen läßt. Jener Herr eröffnete denn auch ordnungsgemäß die Veranstaltung, wies auf das Thema „des heutigen Abends" hin und begrüßte die Gäste. Dann aber fuhr er etwa fort: „Besonders herzlich begrüße ich Herrn, Herrn Doktor, ich begrüße den Herrn Referenten, Herrn . . ., den Herrn Universitätslektor aus München, ich begrüße . . ." In Schweiß gebadet — gleich dem Verfasser, der dieses Gestammel mußte über sich ergehen lassen — schloß er endlich mit einer Handbewegung auf den Referenten hin mit den Worten: „Ich bitte Sie, mit Ihren Ausführungen zu beginnen.“ Zwei Stunden hatte der unglückliche Versammlungsleiter Zeit, sich von seinem Schrecken zu erholen. Danach — der Vortrag war beendet, und der Beifall hatte sich gelegt — trat er pflichtgemäß wieder ans Pult und dankte, unter dröhnendem Gelächter der Hörerschaft, nicht Herrn Gerathewohl, sondern Herrn Geradenaus für seine vortrefflichen Ausführungen . . .

Dieses Erlebnis legt dem Verfasser die Pflicht auf, seine Redeschüler immer wieder davor zu warnen, die Kraft ihres *Gedächtnisses* zu überschätzen. Jener Herr kannte seinen Namen genau, hatte er doch wochenlang vor der fraglichen Veranstaltung mit ihm schriftlich in Verbindung gestanden, ihn kurz vor dem Vortrag seinen Vorstandsmitgliedern vorgestellt und ihn natürlich auch mit persönlicher Anrede begrüßt. Im Fluidum des Versammlungsraumes aber vielleicht etwas aus dem seelischen Gleichgewicht gekommen, konnte er sich einfach des Namens nicht mehr erinnern.

Das Pult stand damals verhältnismäßig weit von den Hörern entfernt; wäre es ihnen näher gewesen, hätte man dem Vorsitzenden den Namen leicht zuflüstern können, ja, er hätte sich so verhalten können, wie es uns in einer andern Versammlung vorkam. Dort blieb der Sprecher am Pult mitten in einem Dichterzitat stecken. Geistesgegenwärtig wandte er sich den Hörern der ersten Reihe mit den Worten zu: „Bitte, helfen Sie mir!“ Natürlich war der Redner kurz darauf wieder im Flusse.

Lächeln entwaffnet!

Wie den Namen des Redners und seines Redetitels sollte sich ein Versammlungsleiter immer auch die Namen etwaiger zu begrüßender *Gäste* aufschreiben. Kommt man aber in eine Situation, wie wir sie oben schilderten, dann wird man sich am besten mit *Humor* aus der Affäre ziehen.

Wir Deutsche zumal unserer Tage neigen nur allzu leicht dazu, das Leben und seine Probleme eher zu schwer als zu leicht zu nehmen. Es liegt uns nicht, wie der Franzose es so ausgezeichnet versteht, auch über ernste Fragen geistvoll, aber anmutig und spritzig zu plaudern. Wir möchten immer gleich „Referate" und anspruchsvolle Reden halten. Dabei sind auch unsere Hörer dankbar, wenn sie sich lachend gelegentlich selbst während eines ernsten Vortrags entspannen können, worauf jener Professor Rücksicht nahm, der in seinen Vorlesungen einen Scherz mit den Worten einleitete: „An dieser Stelle meiner Ausführungen pflege ich folgenden Witz einzuschieben. . . ."

Ein Redner ist kein Witzbold und Anekdotenerzähler, aber er soll das *Leichte* leicht vortragen, um für das *Schwere* das volle Gewicht wirksam verwenden zu können. Überdies sollte er nur das Wort ergreifen, wenn er zu seiner Sache Ja sagen kann und die Zuversicht besitzt, daß er seine Hörer dafür gewinnen wird. Diese Grundhaltung muß sich auch dem Hörer mitteilen und ihn in eine möglichst *bejahende Stimmung* versetzen. Hat er sie aber gewonnen, so ist er dem Redner gegenüber „wohlwollend" eingestellt und folgt ihm oft wie das Kind dem Vater. Spürt er überdies, daß es der Redner „gut mit ihm meint", d. h. auf seine besonderen Wünsche, Bedürfnisse, Nöte usw. eingeht und ihm gelegentlich auch einmal etwas ihn besonders Erfreuendes sagt, dann kann kein Lapsus so groß sein, daß er dem Redner schaden könnte.

Hat ein solcher Redner im Eifer des Gefechts den Faden verloren, fallen ihm seine Stichwortzettel zu Boden, weiß er nicht mehr, ob er diese oder jene Gedanken in seinem letzten Vortrag schon ausführte: das *Vertrauen*, das er gewann, der enge *Kontakt*, in dem seine Hörer zu ihm stehen, hilft ihm in jedem Falle über derlei Schwierigkeiten hinweg. Eine Frage an die Hörer oder ein Lächeln ob des Mißgeschicks, das da eben eintrat, und die Situation ist gerettet. Alles verzeiht eine Hörerschaft dem Redner, der sicher und verbindlich vor ihr steht, alles dagegen verübelt sie dem Redner, der schüchtern und scheu sich vor ihr verkriechen möchte, wenn ihm bloß ein kleines Versehen unterläuft und er keine Verbindung mit ihr gefunden hat.

Wenn die Versammlung etwa wegen eines unbeabsichtigt komisch wirkenden Versprechens lacht, so gibt es nur einen Rat für den Redner: Lache mit! Richtet er sich danach, dann verzeiht ihm die Hörerschaft sofort das Versehen. Glaubst du aber, verehrter Redner, so tun zu können, als habe sich gar kein Mißgeschick eingestellt, suchst du einen Fehler zu vertuschen oder wirst du mit rotem Kopf verlegen, dann verlierst du sofort an Vertrauen.

„Ridendo dicere verum" — wie die Amerikaner mit ihrer Mahnung „keep smiling", haben schon die alten Römer mit ihrem Hinweis, man solle lächelnd die Wahrheit sagen, einen auch für den Redner und Verhandlungsführer recht wichtigen Hinweis gegeben. Wohl gehört auf einen groben Klotz ein grober Keil, aber man soll auch nicht mit Kanonen gegen Spatzen schießen. Man bedenke, daß man dann, wenn man „hoch" geht, nicht mehr Herr seiner Verstandeskräfte ist, sondern von seinem „Primitivpotential", seinem Gefühls- und Triebleben, beherrscht wird. Zwingt man sich auch im Zustand der Verärgerung dazu, die Formen der *Höflichkeit* zu bewahren und anstatt des Poltertons die *Ironie* als Kampfmittel zu gebrauchen, so vermeidet man in der Diskussion die Gefahr, unbeabsichtigt dem Partner eine neue Angriffsfläche zu bieten, und bekommt sicher seine Hörer leichter auf seine Seite als im gegenteiligen Fall. Lachen kann befreien und entwaffnen, aber auch — töten, d. h. die Stellung eines Partners, dessen Vorgehen man ins Lächerliche zog, vernichten.

Formen der Anrede

Man kann wohl ohne Übertreibung sagen, daß des Redners Glück mit der Frage steht und fällt, ob und inwieweit es ihm gelingt, mit seinen Hörern in Fühlung zu kommen. Als einer, der die Menschen kennt und sie nimmt, wie sie sind, und ihnen keine Tugenden zuspricht, die sie vielleicht besitzen sollten, aber in ihrer Masse nicht aufweisen, kennt er den praktischen Nutzen, der sich aus dem Erfahrungssatz ergibt: „Mit einem Tropfen Honig fängt man mehr Fliegen als mit einem Liter Essig." Er weiß auch, wie recht Goethe hat, wenn er sagt: „Wer vor andern lange allein spricht, ohne den Zuhörern zu schmeicheln, erregt Widerwillen", oder wenn er den Rat gibt: „Sollen wir freudig horchen und willig gehorchen, so mußt du schmeicheln."

Das Wort *„schmeicheln"* hat keinen guten Klang, und wir glauben, daß Goethe damit keine billige Schaumschlägerei empfehlen wollte, sondern dem Redner nahelegte, nie den natürlichen, jedem Menschen gegebenen *Geltungstrieb* außer acht zu lassen, Wir haben in der Schrift „Geschäftliche Verhandlungspraxis" (23) Ratschläge dafür gegeben, wie man vor einer wichtigen Verhandlung versuchen sollte, die „psychologische Einbruchsstelle" des Partners zu erkunden, und ein Beispiel für die *„psychologische Kartei"* aufgezeigt, die planmäßig anzulegen wir etwa dem Geschäftsvertreter nahelegen. Darin sind u. a. Lieblingsbeschäftigungen, *„Stek-*

kenpferde“ oder sonstige Gewohnheiten sowie charakteristische Eigentümlichkeiten des Partners zu vermerken, die man als Anknüpfungspunkte für sein Zweckgespräch verwenden kann.

Daß auch der Hörer in der Versammlung am ehesten sich dem Redner zuwendet, wenn er mit etwas beginnt, was den Angesprochenen freundlich berührt, wußten schon die klassischen Rhetoren, wenn sie dem Redner die Pflicht auflegten, mit der captatio benevolentiae (Fang des Wohlwollens) zu beginnen. Wir Deutschen rümpfen gerade über diesen Rat Ciceros nur allzu leicht die Nase, als ob irgendeiner von uns Worten gegenüber, die ihm etwas ihn angenehm Berührendes ausdrücken, weniger zugänglich wäre, als die alten Römer oder die Zeitgenossen Goethes. Natürlich darf der „Fang des Wohlwollens“ nicht allzu deutlich sein, sonst gilt das Wort für den Redner: „Man merkt die Absicht und man wird verstimmt.“

Was in England oder Frankreich unmöglich wäre, gilt bei deutschen Geschäftsleuten noch immer als Regel, nämlich einen Briefempfänger nicht anzureden, sondern lediglich seine Anschrift unter den Briefkopf zu setzen. Wie freundlich fühlt man sich dagegen gleich am Anfang berührt, wenn man mit „Dear Sir“ auch von einem Menschen angesprochen wird, den man bis zur Stunde noch nicht kannte. Werden wir mit „Guten Tag!“ angesprochen, so sind wir nicht so freundlich berührt, als wenn dem Tagesgruß unser Name folgt.

Eine *namentliche Anrede* kommt im Rahmen einer Versammlung im allgemeinen nur dem Vorsitzenden zu, wenn er Einzelpersonen als Gäste sowie den Referenten zu begrüßen hat und den Diskussionsrednern das Wort erteilt. Für diesen Fall wie für die Auseinandersetzung des Referenten mit den Diskussionsrednern wollen wir einen alten Brauch beachten. Er besteht darin, daß man, wenn man einzelne Versammlungsteilnehmer anspricht, nicht die Formen der zweiten, sondern der dritten Person gebraucht. Man vermeidet damit den Fehler, mit einem von vielen Teilnehmern eine Zwiesprache zu führen, und bemüht sich, sachlichen Entgegnungen den Stachel der persönlichen Polemik zu nehmen.

Wie wenig die unmittelbare Anrede im Rahmen einer *Parlamentsverhandlung* statthaft ist, mag man aus einer Bemerkung erkennen, die Bismarck dem Abgeordneten Eugen Richter gegenüber im alten Reichstag äußerte. Er sagte: „Ich möchte zuerst den Abg. Richter bitten, mich nicht hier mit Herr Reichskanzler anzureden. Das ist eine Sitte, die manche seiner Fraktionsgenossen eingeführt haben, die ich aber nicht für parlamentarisch halte ... Ich werde nie sagen, Herr Richter, Sie haben, sondern der Herr Abg. Richter hat ... Ich glaube, daß man hier zur Versammlung spricht oder zum Präsidenten." Noch unpersönlicher, als es heute in jedem Parlament üblich ist, wenn man den Herrn Minister X oder den Herrn Abgeordneten Y zitiert, war die Anrede, die Freiherr von Vincke nach englischem Muster in der Frankfurter Nationalversammlung einführte, wenn er „den Herrn Abgeordneten von Nürnberg" oder „das verehrte Mitglied von Königsberg" apostrophierte. Er gebrauchte damit eine Form der Anrede, die für gewisse Tagungen (Städtetage, Verbands- und Parteitagungen, deren Teilnehmer bestimmte örtliche Kreise vertreten usw.) auch heute noch zu empfehlen wäre.

Während ein Mitglied des württembergischen Landtags im Jahre 1797 seine Ausführungen noch mit den Worten zu beginnen hatte: „Hochwürdige, achtbare, wohlgeborene, insonderheit großgünstige, hochzuverehrende Herren", begnügen sich die meisten Redner heute mit der schlichten Anrede „Meine Damen und Herren". In Parlamenten, aber auch bei Tagungen und ähnlichen Anlässen hat dieser Formel die Anrede „Herr Präsident" vorauszugehen. Zumindest bei gesellschaftlichen Anlässen sollte man mit den Worten beginnen: „Sehr verehrte Damen, meine Herren."

Wir stimmen Friedrich Naumann zu, wenn er sich gegen die Formel „verehrte Anwesende" wendet und meint, daß es eine merkwürdige Benennung sei, gemeinsam wartende Mitmenschen nur als anwesend zu bezeichnen (49). Man bemühe sich vielmehr, der Hörerschaft auch mit seiner Anrede möglichst nahe zu kommen und auf ihre Besonderheit Rücksicht zu nehmen. Überall dort, wo es angebracht sein könnte, ersetzt man die Allerweltsanrede „Meine Damen und Herren" durch Wendungen wie „Liebe Mitbürger", „Verehrte Gäste, liebe Vereinsmitglieder" oder auch „Verehrte Freunde unseres Hauses, liebe Verwandte". Mit dem Wort „Freunde" wollen wir aber sparsamer umgehen, als es heutzutage zuweilen geschieht: Der Begriff „Freund" ist uns zu wertvoll, als daß wir damit einverstanden sein könnten, daß man z. B. bei der Begrüßung von jungen Leuten, die man kaum dem Namen nach kennt, die Anrede „meine jungen Freunde" gebraucht, anstatt daß man in diesem Falle etwa „liebe Lehrlinge" sagt.

In seinen rhetorischen Lehrgängen für Angehörige der Wirtschaft läßt der Verfasser einzelne Teilnehmer im Rahmen betriebsrhetorischer Aufgaben immer auch Ansprachen vor einer vorgestellten Belegschaft halten, deren tatsächlicher Anlaß durch Arbeitsjubiläen, Betriebsausflüge oder auch durch die im Betriebsverfassungsgesetz (§ 69, 3) ausgedrückte Verpflichtung des Unternehmers gegeben ist, „mindestens einmal in jedem Kalendervierteljahr den Belegschaftsmitgliedern Kenntnis von der Lage und von der Entwicklung des Unternehmens zu geben". Die Anrede bei solchen Gelegenheiten ist heute allgemein in der Formel geboten „liebe Mitarbeiter und Mitarbeiterinnen". Es kommt aber bei unseren Übungen vor, daß wir zwischendurch auch die Anrede „meine Damen und Herren" empfehlen, nämlich dann, wenn sich der Redner über gewisse Stellen seiner Ausführungen hin, etwa weil er ein bestimmtes Verhalten zu tadeln hat, von seinen Hörern distanzieren sollte. Wenn zumal in kleineren Betrieben die Hörer vom Redner mit „Ihr" angesprochen werden, wird sich dieses Wort in den von uns gemeinten Fällen in „Sie" zu wandeln haben.

Julius Cäsar gibt uns ein Beispiel dafür, wie sich aus einer psychologisch richtigen Veränderung der Anrede eine ungewöhnliche, wenn auch vom Redner beabsichtigte Wirkung ergeben kann. Aus Ägypten zurückgekehrt, erfuhr er, daß seine Soldaten als aufgelöste Truppen gegen Rom zogen, plünderten und meuterten. Er schickte ihnen einen Boten entgegen, der sie in seinem Auftrag zu befragen hatte, was sie wollten. Die Meuterer verlangten Cäsar selbst zu sprechen. Entgegen allen Warnungen seiner Freunde begab sich der Feldherr ins Lager der Meuterer, die ihm auf seine Fragen hin erklärten, ihre Kräfte seien zu Ende und sie verlangten entlassen zu werden. Cäsar bestieg darauf die Rednerbühne und begann etwa mit den Worten: „Die Belohnungen, die ich euch versprochen habe, sollt ihr erhalten, wenn ich diesen Krieg mit Hilfe anderer Soldaten zu Ende geführt und mit diesen anderen Soldaten im Triumph in Rom eingezogen bin." Nach einigen weiteren Sätzen, als er merkte, daß seine Hörer in ein Stutzen und Schwanken kamen, ruft ihnen der Feldherr, für den die Soldaten jahrelang jede Strapaze auf sich genommen hatten, die Anrede Quirites! (Bürger!) statt wie vorher und bei allen früheren Redeanlässen Commilitones! (Kameraden!) zu. Gedemütigt durch den Namen, der ihre ganze Vergangenheit auszulöschen schien, riefen sie Cäsar entgegen: „Wir sind keine Bürger, wir sind Soldaten!" Damit hatte Cäsar den erstrebten Stimmungsumschwung erreicht, und die Meuterei wurde schnell beigelegt.

Viele Redner begnügen sich damit, die Anrede nur zu Beginn ihrer Ausführungen zu gebrauchen. Es zeugt von dem Bedürfnis nach enger Fühlungnahme mit den Hörern, wenn man dagegen immer dann die Anrede wiederholt, wenn man besonders eindringlich wirken möchte. Die Anrede vermag überdies eine „Richtungsveränderung" unserer Darlegungen auszudrücken: sie leitet einen neuen Abschnitt ein oder unterstreicht einen Satz, an dem uns besonders gelegen ist. Die folgenden Sätze aus Reden Bismarcks zeigen, wie es der Kanzler verstand, die psychologische Wirkung der Anrede als Steigerungsmittel in den Dienst seiner Absichten zu stellen: „Ich weiß, meine Herren auf dieser Seite, daß Sie anderer Ansicht sind wie ich. — Wer von Ihnen, meine Herren, kennt die Ahnungen und Gefühle des Volkes so genau? — Es freut mich, meine Herren, daß Sie die Wahrheit meiner Worte anerkennen."

Erscheinung und Haltung des Redners

„Mancher Redner bildet sich ein", sagt der französische Rhetor Cormenin einmal, „die Kammer lache aus vollem Halse über die liebenswürdigen Späße, die er vorbringt; aber nichts weniger als das, sondern sie lacht über eine unverschämte Fliege, die er wegjagt und welche seine Nasenspitze nicht verlassen will. — Zieht Demosthenes einen roten Rock an und setzt ihm verkehrt eine Perücke auf, und ein tolles Lachen wird unsere Athener selbst im ergreifendsten Augenblick überkommen, wo der erhabene Redner in die Worte ausbricht: ich schwöre es bei den Manen der Helden, die bei Marathon fielen!"

Mit diesem Hinweis wollen wir daran erinnern, daß eine belanglose *Äußerlichkeit* imstande sein kann, die Wirkungen des Redners ungünstig zu beeinflussen. Eine schiefsitzende Krawatte, Unordnung in der Frisur oder in der Kleidung oder auch stutzerhaftes Auftreten vermag leicht die Aufmerksamkeit von der Sache abzulenken. Ein Blick in den Spiegel vor dem Auftreten und die Beantwortung der Frage, ob man auch dem Anlaß entsprechend gekleidet ist, ist deshalb zu empfehlen.

Der Redner hüte sich davor, sowohl allzu *lässig* wie allzu steif auf dem Podium zu stehen. Die Haltung, die wir bei der Atemübung im Stehen vornehmen wollten, sei auch unsere Haltung vor den Hörern: die Last des Oberkörpers ruht im allgemeinen auf den Fußballen, und der Oberkörper ist leicht nach vorn gebeugt. Wer in allzu großer Spannung spricht, dem ist es unmöglich, in der rechten Weise einzuatmen. Er wird leicht ins Stocken geraten, unnatürlich gepreßt oder abgesetzt sprechen und auf manches Mittel verzichten müssen, das ihm für ein sinngemäßes Betonen in natürlich-freier Haltung zur Verfügung stünde. Mag die Mahnung, „gerade" zu sitzen, gelegentlich in der Schule angebracht sein, so kann man vom Schüler doch keinen sinngemäßen Gedichtvortrag erwarten, den man in militärischer Haltung seine Verse aufsagen ließe . . .

Wir können die Erfahrungen, die der englische Kanzelredner C. H. Spurgeon über die Haltung des Predigers niederlegt, auch für die weltliche Rhetorik in Anspruch nehmen. Er meint: „Der Prediger soll besonders die unnatürliche Haltung, bei der die Lunge und die Sprechorgane gedrückt werden, vermeiden. Sein gesunder Menschenverstand muß ihm sagen, daß er sich das Sprechen erschwert, wenn er sich über die Bibel oder das Lesepult beugt. Man mag sich ja gelegentlich einmal vorbeugen, als ob man vertraulich mit den der Kanzel nahe Sitzenden spräche, aber für gewöhnlich ist diese Haltung schädlich und unschön. Wie anstrengend wäre es, ein langes Gespräch zu führen, während man den Atmungsapparat an die Tischkante drückte! Stell dich aufrecht hin, tritt fest auf und sprich wie ein Mann! Manche Redner machen den gegenteiligen Fehler: sie werfen den Kopf zurück, als ob sie eine Handschrift an der Decke sähen. Auch das ist vom Übel und nur erlaubt, wenn es einmal eine begeisterte Anrede fordert. John Wesley sagt mit Recht: man soll den Kopf nicht zu hoch halten, nicht bäurisch vorstrecken, auch nicht auf die Brust hängen lassen. Man halte ihn bescheiden aufrecht; das ist seine natürliche Stellung. Er darf nicht unbeweglich sein wie bei einer Bildsäule, aber auch nicht fortwährend wackeln. Um beide Fehler zu vermeiden, wende man den Kopf sachte je nach Bedürfnis bald nach rechts, bald nach links, und zur Abwechslung blicke man geradeaus, nach der Mitte der Gemeinde zu" (70).

Die Sprache der Gebärden

Wir wissen, daß Sprechen ein Bewegungsakt ist, der den ganzen Menschen in Anspruch nimmt. Die Folge hiervon ist, daß es sinnwidrig wäre, wollte man dem sprechenden Menschen verbieten, sich auf die Bewegungen der Sprechorgane zu beschränken und darüber hinaus zumal auch die Hände und den Oberkörper „sprechen" zu lassen. Was wir ablehnen ist nicht die Gebärde als solche, sondern *„unechte" Gebärden.*

Wir verstehen darunter solche Gesten, die sich nicht aus dem Sinn der Rede und der Sprechabsicht des Redners ergeben, sondern mechanisch geäußert werden. So werden wir als Hörer verstimmt, wenn der Redner beständig hinterm Pult auf und ab schreitet, den Daumen im Westenausschnitt oder die Hand in der Tasche hält oder auch mit der Faust aufs Pult schlägt, unabhängig davon, ob diese Ausdrucksbewegung angebracht ist oder nicht. Peinlich berührt uns auch jenes Verhalten, bei dem sich der Redner, wenn er sich gerade nicht sicher fühlt, mit der Hand über den Kopf streicht und wenn das nichts hilft, seinen Bart streicht oder mit zwei Fingern die Nase reibt.

Der römische Rhetor Quintilian meint, die *echten Gebärden* entstünden entweder mit den Worten oder sie bezeichneten die Dinge durch Nachahmung. Diese zweite Gruppe wollen wir nur mit Vorsicht anwenden. Schon eine Raumvorstellung bei den Hörern dadurch zu fördern, daß man Begriffe wie „eng“ und „weit“, „groß“ und „klein“ mit entsprechenden Gebärden zu verdeutlichen sucht, ist nach unserm heutigen Stilgefühl als bedenklich anzusehen. Wir sehen in der Gebärde bei der Einheit des psychophysischen Organismus aller Lebensvorgänge in erster Linie die natürliche körperliche Reaktion auf seelische Bewegungen irgendwelcher Art. Dabei ist allerdings wiederum zu bedenken, daß Sprechen ein sozialer Akt ist, weshalb wir uns auch in Hinblick auf die Gebärdensprache nicht dürfen „gehen lassen“, sondern immer eine bestimmte Form einzuhalten haben. Ohne weiteres ist es dem Redner gestattet, mit dem Kopfe gelegentlich zu nicken oder ihn zur Unterstreichung einer Ablehnung zu schütteln, mit einem Achselzucken oder einer entsprechenden Handbewegung jemandem seine Verachtung auszudrücken, sich mit einer Wendung des Oberkörpers einem Zwischenrufer zuzuwenden oder sonstige sinnhafte Gebärden zu zeigen, die als einladend oder abweisend, als zustimmend oder verneinend gedeutet werden können. Bei aller Beschränkung, die wir im Ausmaß der Körpersprache zu beachten haben, wollen wir zumal nicht vergessen, welche Ausdruckskraft allein den *Händen* zukommt. Mit ihrer Hilfe können wir, was Quintilian aufzeigt, fragen, versprechen, anrufen, wegschicken, drohen, bitten, uns entschuldigen. Sie vermögen Furcht, Freude, Schmerz, Zweifel, Zustimmung und Reue auszudrücken. Mit der Hand zeigen wir Mäßigung oder Überfülle; an den Fingern merken wir uns Zahl und Zeit.

Wenn wir in Gefahr sind, den Gebärden eine zu große Bedeutung beizumessen, dann mag uns jener junge englische Prediger als warnendes Beispiel vor Augen stehen, der bei den Sätzen: „Ach, ihr verschließt eure Augen gegen das Licht; ihr verstopfet euere Ohren gegen die Wahrheit, und ihr wendet der Seligkeit den Rücken" erst die Augen schloß, dann die Finger in die Ohren steckte und schließlich seiner Gemeinde den Rücken zudrehte ...

Fühlung mit den Hörern

Die enge Fühlung, die Bismarck mit seinen Hörern erstrebte, ergibt sich auch daraus, daß er sie oder einzelne Gruppen und Persönlichkeiten unter ihnen, ohne eine eigentliche Anrede zu gebrauchen, ansprach, um sie wissen zu lassen, daß er sie in ihrem Verhalten genau beobachtete. Zu den Beispielen, die wir in unserem Selbsterziehungswerk „Deutsche Redekunst" (21) hierfür angeben, möchten wir noch die folgenden anführen: „Ich glaube, meine Herren, das Rechenexempel ist ganz unbestreitbar. Ich entnehme aus Ihrer Heiterkeit die volle Zustimmung zu seiner Richtigkeit. — Sie sitzen so dicht vor mir, daß ich jedes Wort höre, Sie werden nachher volle Zeit haben, mir zu antworten. — Ich habe das Angesicht der Herren noch nicht gesehen, ich höre aber jedes Ihrer Worte, jetzt stört es mich, und ich glaube,

Sie haben doch auch das Interesse, mich deutlich bis zu Ende zu hören."

Immer wieder können wir, wie Hermann Wunderlich (90) nachweist, bei Bismarck feststellen, daß er die Meinungsäußerungen seiner Hörer für seine Zwecke ausnutzt, und zwar auch solche, die er selbst erst hervorgerufen hat wie in diesem Falle: „... aber ich fürchte, meine Herren, ich nehme Ihre Zeit zu sehr in Anspruch (Rufe: bitte! bitte! durchaus nicht!) und komme in Details, die Sie vielleicht nicht interessieren (Rufe: doch! fortsetzen!), aber ich habe das Bedürfnis, daß sie einmal ausgesprochen werden." Vorbildlich geschickt hat Bismarck im Vordersatz mit einer die Hörer umschmeichelnden Wendung einen von ihm beabsichtigten Widerspruch erregt, dessen Reaktion er sofort für sich in Anspruch nimmt; mit gesteigerter Aufmerksamkeit wird man ihm nunmehr folgen. Bei anderer Gelegenheit sagt der Kanzler: „Sie sind mit dem, was ich sage, nicht einverstanden; ich schließe das aus den Tönen, die Sie von sich geben. Es ist auch nicht meine Absicht ..." Auch in diesem Satze stellt er eine Meinungsäußerung der Hörer sofort in seine Rechnung.

Wer elastisch und nicht starr vorbereitet ist, frei oder halbfrei spricht, wird sich mit einem Blick fortlaufend über die Stimmung seiner Hörer unterrichten können. Damit fördert er seine Sicherheit, steigert er den *Kontakt* und beugt er Fehlwirkungen vor. Zumal bei Veranstaltungen, deren Teilnehmer einem etwaigen Widerspruch nicht mit Zwischenrufen würden Ausdruck geben, ist die Beobachtung der Hörer mit dem Blick von großer Bedeutung. Unser Auge ist dann gleichsam das Stimmungsbarometer; es allein vermag uns zu warnen, wenn wir die Aufnahmefähigkeit der Hörer sollten überschätzen, es ermahnt uns, ruhiger oder langsamer zu sprechen oder auch eine Erläuterung einzuschalten.

Abgesehen von der Suggestivwirkung, die vom Auge des Redners wie von seiner Stimme ausgehen kann, orientiert ihn der Blick über jede, dem Hörer unbewußt entstehende mimische Veränderung, die eine Wandlung seines Verhältnisses zu Redner und Rede ausdrücken kann. Der interessierte Hörer sucht ja den Blick des Redners. Er ist enttäuscht, wenn er ihn nicht finden kann, weil der ungeübte Referent nur immer zwei Herren auf der ersten Saalreihe oder auch die Zimmerdecke anschaut, so, als ob dort oben seine Stichworte vermerkt seien. Kann der Redner seinerseits den Blick der Hörer nicht an sich ziehen, dann stimmt etwas nicht: man „folgt" ihm nicht eigentlich, hört teilnahmslos zu oder sinniert über Gegengründe nach. In solchen Fällen heißt es, sofort der Mahnung unseres Auges folgen und für Verbesserung des „Versammlungsklimas" zu sorgen. Vielleicht rettet uns ein spannend vorgetragenes Beispiel, eine anschauliche Schilderung oder auch die Wiederholung über die peinliche Situation hinweg. Vielleicht aber auch packen wir den Stier bei den Hörnern, unterbrechen unsere Ausführungen zur Sache und verhalten uns ähnlich wie Bismarck, wenn wir sagen würden: „Es scheint mir, daß ich mich soeben nicht deutlich genug ausgedrückt habe; gestatten Sie mir, daß ich kurz wiederhole ..." oder „Ich sehe, wie einige von ihnen den Kopf schütteln, und vermute wohl recht, wenn ich annehme, daß Sie den folgenden Einwand gerade erwägen ..." Die Lage des Redners kann unter entsprechenden Voraussetzungen sogar durch eine Bemerkung wie diese gefördert werden: „Ich sehe da hinten einen Herrn den Kopf schütteln. Da ich den Wunsch habe, möglichst alle zu überzeugen, darf ich deshalb noch einmal kurz ..."

Angriff und Verteidigung

Wir haben dem Redner empfohlen, während seiner Vorbereitung zu überlegen, welche Einwände die Hörer gegen seine Sache vorbringen könnten. Keinesfalls aber möchten wir mit diesem Rat den Redner veranlassen, jeden nur möglichen Einwand in seinen Ausführungen zu erwähnen. Wir haben ihm in unserem Lehrgang „Deutsche Redekunst" (21) vielmehr nahegelegt, gelegentlich auch ein Verfahren anzuwenden, das wir die *„Verdrängungstaktik"* nennen. Hierbei haben wir zwar die Einwände des Partners so genau wie möglich vor uns, aber wir erwähnen sie nicht, sondern verdrängen die Gegenmeinung dadurch, daß wir in allmählicher Steigerung, gleichsam schrittweise unsere Meinung dem Partner vermitteln und ihn damit, ohne daß wir seine Auffassung erwähnen, zu allmählicher Zustimmung bringen. Wir gehen dabei von der Erfahrung aus, daß niemand gerne hört, er sei im Unrecht, und wenn er jetzt Ja sagen soll, nicht daran erinnert sein möchte, daß er eben noch eine Sache verneinte. Hieraus entwickeln wir auch den Grundsatz, wonach wir weniger beweisen sollten, daß der andere Unrecht hat, als daß wir selbst Recht haben.

Es kann jemand objektiv im Rechte sein oder auch Unrecht haben — die Frage ist nur die, wie sich ein anderes Subjekt, ein Mensch mit Verstand und Trieben, hierzu stellt. Wohl kann mir der Gegner keine stichhaltigen Argumente mehr vorbringen, da ich eben „Recht" habe. Muß er mir deshalb aber auch folgen, sich in meinem Sinne verhalten? Diese Frage hängt weitgehend davon ab, wie sein „Primitivpotential", sein Gefühls- und Triebleben auf meine Ausführungen reagierte. Habe ich in meiner Polemik gegen seine Meinung oder womöglich gegen seine Person sein Geltungsbedürfnis verletzt, so nützen mir alle wohl begründeten Beweise nichts: er kann zwar nichts mehr gegen meine Argumente vorbringen, zieht sich aber grollend von mir zurück. Entscheidend also für die Frage, ob und wie man den Partner angreift, muß die Überlegung sein, was man erreichen möchte. Es geht nun einmal im Lebenskampf nicht anders, als daß man immer wieder einmal auf das eine verzichten muß, wenn man ein anderes erstrebt, das einem wertvoller erscheint.

Diese Mahnung gilt besonders für solche Redner und Verhandlungsführer, die sich leicht zum Opfer persönlicher Verstimmungen machen und Bemerkungen des Partners, ungeachtet der Situation, in der sie geäußert wurden, zum Anlaß einer Widerrede nehmen. Das Wort, so bedenke man immer, wenn man in der Gefahr ist, unbedacht zu erwidern, hier und jetzt gesprochen, kann etwas ganz anderes bedeuten, als es dort und damals ausdrückte. Vor allem aber erhält es seinen Sinn immer erst durch den Zusammenhang mit anderen Wörtern, Sätzen und Redeteilen. Wenn man in Gefahr ist, diese Tatsache zu übersehen, denke man z. B. daran, wie ganz verschiedene Bedeutungen das Wörtchen „alt" aufweisen kann. Man kann damit so verschiedene Gefühlswerte wie „veraltet", „antik", „ehrwürdig", „erfahren", „weise" oder auch — „vertrottelt" ausdrücken.

Vergessen wir auch nicht, bevor wir gegen jemanden vorgehen, daß der Mensch ständig im *Wandel* begriffen ist. Er hat das Recht, seine Meinung zu ändern, ein Recht, von dem gerade die Größten im Reiche des Geistes, z. B. ein Goethe wie ein Schiller, ein Kant wie ein Beethoven etwa in Hinblick auf ihre politische Überzeugung durchaus Gebrauch gemacht haben.

Viel Ärger, Streit und Mißgunst entsteht dadurch, daß viele Menschen geradezu ein Talent darin entwickeln, anderen ihre Gegenmeinung am falschen *Ort* und zur falschen *Zeit* zu sagen. Es gibt in unsern Jahren auch hochgestellte und sehr „erfahrene“ Redner, die in Sonntagsreden etwas sagen, was sie schon am Montag bedauern müssen, in Versammlungen etwas vorbringen, was ins Parlament gehörte, oder im Rahmen von Referaten etwas äußern, was nur gesprächsweise zu erörtern wäre. Das Gefühl, wann und wo gerade das tadelnde oder zurückweisende Wort, wann und wo Angriffs- und Verteidigungsreden angebracht sein mögen, ist in unsern Jahren, in denen die nervöse Erregung nur allzu leicht zu Fehlleistungen im Umgang mit Menschen führt, weitgehend verlorengegangen. Man nimmt einfach für sich in Anspruch, etwas, was einen gerade beschäftigt, was einen verstimmt und verärgert, aus sich herauszupoltern, ohne Rücksicht darauf, welche Wirkung man mit seinen unbedachten Äußerungen erzielt.

Vertrauen und Beweis

Um uns die Frage näherzubringen, wer vor den Menschen als Redner zu seinem Recht kommt, bzw. wem eine Versammlung ihr Vertrauen und damit auch Glauben schenkt, wollen wir einmal annehmen, zwei Männer hielten nacheinander über dasselbe Thema einen Vortrag, und zwar schildern sie ein seinen Verhältnissen nach bekanntes, aber von uns nicht selbst besuchtes Land. Der eine Redner hielt sich drei Jahre dort auf, und sorgsam entwickelt er vor uns seine Eindrücke, von denen aus er ebenso sorgsam seine *Schlüsse* zieht. Der andere blieb nur wenige Monate im Lande. Hat er, so mögen wir zunächst fragen, überhaupt das Recht, dann über das gleiche Thema zu sprechen? Hat er denn genügend Erfahrungen? Vielleicht mag es noch hingehen, wenn er uns eine Schilderung seiner Eindrücke bietet, aber um Schlüsse zu ziehen, reicht doch sein Beweisstoff nicht aus!

Suchen wir diesem Einwand zu begegnen, so erhebt sich zunächst die Frage: Wieviele *Vordersätze* (Prämissen) sind denn notwendig, um zwingende *Schlußurteile* (Konklusionen) ziehen zu können? Sind nicht auch drei Jahre eine zu kurze Zeit, um mehr als einen *Ähnlichkeitsbeweis* aufstellen zu können? Gewiß steht und fällt alles Denken und Urteilen mit dem Satze vom Grunde, dem Kausalitätsprinzip, wonach gleiche Ursachen gleiche Wirkungen haben, und der Naturforscher kann sagen, daß dann, wenn er feststellte, Gold, Silber, Kupfer und hundert andere Metalle, die er untersuchte, seien gute Wärmeleiter, alle Metalle dieselbe Eigenschaft haben werden. Aber wie steht es mit der Beweiskraft in unserem Falle, wo es sich um ein Volk von vielen Millionen und ein weit ausgedehntes Land handelt?

Der fragliche Vortragsabend könnte durchaus so verlaufen, daß wir uns auf die Seite desjenigen Redners stellen, der eine kürzere Zeit im Lande seiner Schilderung verweilte und weniger Argumente anzuführen vermochte als der andere Vortragende. Wir würden hierbei erfahren, daß die Anzahl der Beweisstücke für die Überzeugungskraft der Rede grundsätzlich nichts bedeutet. Es kommt vielmehr in Anbetracht der rednerischen Wirkung auf die Persönlichkeit des Redners, auf die Auswahl der Beweisgegenstände, den Standpunkt, von dem aus sie betrachtet werden und vor allem auf das Wesen der Ganzheit des rednerischen Aktus an.

Wenn auch das *Beweisverfahren* des wissenschaftlich exakt arbeitenden Forschers seit der Auswirkung der J. St. Mill und David Hume im wesentlichen induktiv verläuft, so ist es doch keinesfalls ausschließlich ein Folgern vom Besonderen aufs Allgemeine: die bedeutendsten Forschungen auf natur- und geisteswissenschaftlichem Gebiete sind jedenfalls auf ein Zusammenwirken von induktivem und deduktivem Denken zurückzuführen. Der Redner ist grundsätzlich in dieser Art des Denkens tätig. Mag es zu Beginn seiner Vorbereitung noch so ferne und verschwommen vor ihm liegen: das Ziel eines Redeganzen ist der Ausgangspunkt wie die Richtlinie seines Denkens. Ihm ordnet sich alle weitere Tätigkeit unter, betreffe sie nun das Aufsuchen und Sichten des Stoffes oder auch die Beweisführung: eine *zwecklose Rede* ist ein *Widerspruch in sich selbst.*

Nicht also ein planloses Aneinanderreihen von Beweisstücken und ein „objektives" Folgern ist Aufgabe des Redners, sondern die Auswahl zu treffen unter dem Gesichtspunkte von Ziel und Zweck und allen anderen rhetorischen Gegebenheiten, wie Zeit, Ort oder Beschaffenheit der Hörer.

Bei „*Vorträgen*" wissenschaftlicher Art wird der Referent die Voraussetzungen seines Standpunktes und aller sonstigen persönlichen Gegebenheiten, seine Beschäftigung mit den Quellen usw. in irgendeiner Form angeben, bei eigentlichen „*Reden*" aber „verabsolutiert" er sich. Kraft seiner Einsicht, seines Glaubens an die von ihm dargelegte Sache und kraft seines Willens, für sie zu kämpfen, spricht er so, als ob ausschließlich die von ihm verfochtene Ansicht die rechte sei. Was er hierbei an Beweisen anführt, ist unbedingt der Grundüberzeugung einzuordnen. Sein Standpunkt den Objekten gegenüber ist durch ein Wort des Aristoteles gegeben, der das zweite Kapitel seiner Rhetorik mit dem Satz einleitet: „Redekunst ist das Vermögen, für jeden einzelnen Gegenstand und Fall das in ihm liegende Glaubenerweckende zu erkennen." An *letzter* Stelle weist Aristoteles auf die Arten von Überzeugungsmitteln hin, die die Rede dadurch hervorbringt, „daß sie beweist oder zu beweisen scheint", an *zweiter* Stelle ergaben sie sich für ihn aus der Art und Weise, wie der Redner den Hörer stimmt, die *erste* Art der Überzeugungsmittel aber sieht er in der *sittlichen Verfassung* des jeweiligen Redners liegen. „Die sittliche Verfassung ist wirksam", so meint er, „wenn die Darstellung durch die Rede von der Art ist, daß sie den Redner glaubwürdig macht, denn dem rechtschaffenen Mann glauben wir, wie überhaupt in allen Dingen leichter und eher, so insbesondere da, wo nicht absolute Gewißheit möglich ist, sondern Verschiedenheiten der Meinungen ins Spiel kommen, sogar unbedingt. Es muß aber diese Wirkung durch die rednerische Darstellung erreicht werden und nicht Resultat einer vorgefaßten Meinung über die sittliche Beschaffenheit des Redenden sein. Denn es ist falsch, wenn einige in ihren Anweisungen zur Redekunst die Rechtschaffenheit des Redenden als ein Moment aufstellen, welches keinen Einfluß habe auf die Erweckung der Überzeugung, während der sittliche Charakter doch vielmehr sozusagen die höchste überzeugende Kraft besitzt."

Damit ist ausgedrückt, daß das Geheimnis der rednerischen Wirkung an das Geheimnis der Persönlichkeitswirkung gebunden ist: wer kraft seines Soseins unser Vertrauen gewinnt, dem glauben wir, und wem wir glauben, den verstehen wir, selbst wenn uns der Sinn einzelner Worte, die er uns zuspricht, unverständlich bliebe.

Intellekt und Leidenschaft

Wir kennen im Alltagsgespräch den Bericht, das Erzählen und sprachliche Darstellen, also Äußerungen, die zwar einer Gefühlserregung, nämlich dem Mitteilungsdrange, entspringen, aber doch am Plaudern nahezu um ihrer selbst willen, aus Freude entstehen können. Die Rede dagegen wurzelt in jedem Falle in erster Linie in einem Erleben, dem es nicht auf einen reinen Ausdruck seiner selbst, sondern auf eine bestimmte *Wirkung* ankommt. Damit aber ist neben dem *Gefühl* der *Wille* die treibende Kraft des Redners. Er bringt ihn dazu, das ihn fürs erste erregende Gefühl zu bändigen und zu formen, es durch Erkenntnisse und Ergebnisse von Einsichten zu unterbauen, sie aber nicht, wie es der gelehrte Berichter täte, an und für sich wiederzugeben, sondern sie den Gesetzen seines Zweckes, seiner Absicht und seines Zieles einzuordnen.

Man hat innerhalb der Rhetorik im Zeitalter rationalistischer Welt- und Lebensschau wie den Begriff eines echten Glaubens, so den des *Pathetischen* gering geachtet und in seiner Bedeutung völlig verkannt. Nur ja nicht „pathetisch" zu sein galt als dringende Mahnung für den Schauspieler wie für den Redner, und „Pathos" zu zeigen war dem geistigen Snob soviel, wie sich außerhalb der Grenzen neuzeitlicher Kultur zu stellen. Man dachte hierbei durchaus folgerichtig, denn das Pathos steht dem „Intellekt", den man zum Gotte erhoben hatte, als gegenteiliges Prinzip gegenüber. Pathos heißt Leidenschaft, und ihr entspringt im Grunde alles Schöpferische. Leidenschaft aber ist dem Verstande keine Gegenkraft, sondern notwendige Ergänzung.

Welche Bedeutung den *Leidenschaften* für das Wesen und die Aufgabe der Rhetorik zukommt, ist noch im 18. Jahrhundert zum Teil nach dem Vorbild der Alten richtig erkannt und erst später vergessen worden. So finden wir bei dem philosophisch vorzüglich gebildeten Engländer George Campbell in seiner 1791 in deutscher Übersetzung erschienenen Philosophie der Rhetorik eine Betrachtung über die Leidenschaften, die uns für eine heute gültige rednerische Unterweisung als durchaus geeignet erscheint. Campbell erinnert daran, daß der kälteste Philosoph sich, wenn er überreden will, auf eine oder die andere Weise an die Leidenschaften wendet. Er muß dies tun, wenn er sich Überredung als Zweck gesetzt hat, denn niemals „kann mir etwas Zweck werden, das keine Leidenschaft oder Anlage meiner Natur befriedigt. Ihr erreget also meinen Stolz, ohne den ich das Wort Ehre nicht einmal verstehen würde. Ihr saget, es sei zu meinem Vorteil. Ihr wendet euch also an meine Eigenliebe. Ihr saget endlich, es betreffe das allgemeine Beste. Ihr wecket also Vaterlandsliebe in mir auf. Es ist demnach offenbar, daß keine Unterredung stattfindet, ohne die Leidenschaften anzuregen."

Im weiteren Verlauf seiner Darlegungen erhebt Campbell die Frage, was denn für die *Argumente* übrig bliebe, wenn so viel von der Leidenschaft abhinge. „Das erste ist", so antwortet er, „daß der Redner irgendeine Neigung oder Leidenschaft in den Zuhörern rege mache; das zweite, daß er ihr Urteil befriedige und ihnen eine Verbindung zwischen der Handlung, zu welcher er sie überreden will, und der Befriedigung der aufgeweckten Zuneigung oder Leidenschaft zeige ... Das erste geschieht durch die Mitteilung lebendiger und glühender Ideen von dem Gegenstande, das andere durch die Darstellung der besten und wirksamsten Beweisgründe, deren der Gegenstand nur immer fähig ist. In jenem liegt das Pathetische, in diesem das Beweisende. Beides miteinander vergesellschaftet ergibt jene ‚deinotes', jene *Andringlichkeit*, welcher die größten Wirkungen der Beredsamkeit zugeschrieben werden müssen."

Das für eine heute wirksame Beredsamkeit Wichtige dieser Ausführungen liegt darin, daß Campbell das *Pathetische* dem *logischen* Element der Rede verknüpft und das eine vom anderen abhängig macht. Das Pathos, das der Redner in unserem nüchternen Zeitalter der Technik gebrauchen kann, ist ein anderes als das der Romantik, der Paulskirche oder späterer Zeiten, in denen das Triebleben der Masse anzusprechen seine Hauptaufgabe war.

Es ist *gebändigt* und damit *diszipliniert* zu gebrauchen, sparsam nur für Höhepunkte gefühlsbetonter Ansprachen sowie dann zu verwenden, wenn die Gesamtsituation der Rede es gestattet, weniger zum Verstande als zum Herzen zu sprechen. Der Redner wird dabei weniger die Steigerung ins Forte als ins Piano anwenden und sich vor jeder akustischen Übertreibung hüten. Vor allem aber hat er sich darüber klar zu sein, daß der heutige Hörer genau so wie der alte Römer an sein Pathos den Maßstab anlegt, den Quintilian in die Worte faßte: „Si vis me flere, tibi ipsi dolendum est" (wenn du mich willst zum Weinen bringen, muß ich spüren, daß du selbst leidest).

Gesetze der Anschaulichkeit

Die beste Beweisführung bringt den Redner nicht zu dem erwarteten Erfolg, wenn er nicht imstande ist, sich so auszudrücken, daß ihn seine Hörer, wie die Alten lehrten, nicht nur verstehen können, sondern verstehen müssen.

In unserer Schrift „Wirksame Sprache im Wirtschaftsleben" (24) weisen wir darauf hin, daß der Satz, wonach nichts in den Verstand eingehe, was nicht vorher eine sinnliche Vorstellung war (nihil est in intellectu, quod non erat in sensu), keineswegs nur für das Kind gültig ist, sondern auch auf die Erwachsenen weithin seine Anwendung finden kann. Die meisten Menschen, zumindest soweit sie keine wissenschaftliche Bildung genossen haben, bleiben „Eidetiker", d. h. ihr Denken ist an bildhafte Vorstellungen gebunden. Deshalb konnte auch der große Erzieher Pestalozzi als „höchsten und obersten Grundsatz" schlechthin „die Anerkennung der *Anschauung* als des absoluten Fundaments aller Erkenntnisse aufstellen".

Das großartigste Beispiel dafür, wie der Redner sich mit Bildern seinen Hörern einprägt, zeigt uns Jesus Christus, von dem der Evangelist sagt: „Er redete zu ihnen in Gleichnissen, und anders als in Gleichnissen redete er nicht" (Matth. 13, 34). Nicht weniger als 69 Gleichnisse sind uns im Neuen Testament überliefert, die sich über zwei Jahrtausende hin den Menschen immer wieder von neuem einprägen und sie in ihrem Verhalten bestimmen.

Wenn man *Bilder* und *Vergleiche* gebraucht, hat man zunächst eine Mahnung des römischen Rhetors Quintilian zu beachten. Er meint mit Recht, daß alles, was wir der Ähnlichkeit halber heranziehen, niemals dunkel oder unbekannt sein darf, sondern heller als das erscheinen muß, was man erläutern will. Bilder dürfen also nicht „an den Haaren herbeigezogen" sein, sondern sie müssen, wie die Gleichnisse des Neuen Testaments, aus der Erlebniswelt des Hörers stammen und sich gleichsam von selbst ergeben. So wie es bei Bismarck der Fall ist, wenn er Metaphern wie die folgenden gebraucht: „Der Redner ist zum dritten Male auf dem etwas müde gerittenen Pferde auf mich eingesprengt. — Ich fühle, daß ich durch das, was ich sagen werde, einigen nicht ganz schmeichelhaften Äußerungen gestriger Redner gewissermaßen in den Wurf laufe." Auch bei seinen *Vergleichen* bleibt Bismarck im Bereiche der Vorstellungswelt seiner Hörer. So z. B. wenn er die folgenden Ausführungen macht: „Die Regierung stutzt vor diesem Hindernis, hält es für unüberwindlich, und es ist Ihnen gelungen, einen Stock in das Räderwerk der Staatsmaschine zu stecken und dieselbe zum Stillstand zu bringen. — Diese beiden großen Ministerialkörper ... haben hier schließlich den Eindruck von zwei Lokomotiven gemacht, die sich auf demselben Gleise befinden und sich weder ausweichen noch aneinander vorbei konnten, und keine fährt rückwärts, um der andern Platz zu machen. — Die Auffassungen des Herrn Vorredners über die europäische Politik erinnern mich an diejenigen eines Bewohners der Ebene, welcher zum erstenmal eine Bergreise macht. Wenn er einen Gipfel vor sich sieht, so scheint ihm nichts leichter, als ihn zu ersteigen. Er glaubt nicht einmal eines Führers zu bedürfen, denn der Berg liegt unmittelbar vor ihm, und der Weg dorthin ist anscheinend ohne Hindernis. Macht er sich nun auf den Weg, so stößt er bald auf Schluchten und Abhänge, über welche ihm die beste Rede nicht hinweghilft."

Der Kapuziner in „Wallensteins Lager" macht es sich leichter als Bismarck. Er gebraucht *Kurzvergleiche*, die sich ihm aus dem ähnlichen Klang zweier Worte ergeben, wenn er daherwettert: „Der Rheinstrom ist worden zu einem Peinstrom — Die Klöster sind ausgenommene Nester — Die Bistümer sind verwandelt in Wüsttümer — Die Abteien und die Stifter sind nun Raubteien und Diebesklüfter — Und alle die gesegneten deutschen Länder sind verkehrt worden in Elender." Klangbilder dieser Art können für heutige Ohren allenfalls nur einmal im Scherz gebraucht werden, wie es kürzlich ein Redner auf einer Tagung seiner Partei tat, wenn er sagte: „Eisbären werden nicht zu Himbeeren, wenn man sie durch die rote Brille sieht."

In der klassischen Rhetorik wurde im Rahmen der Lehre von den *Tropen* der bildhaften Sprache große Bedeutung beigemessen, und der Redeschüler mußte genau lernen, wann und wie er eine Metapher, eine Metonymie, eine Synekdoche, eine Hyperbel und einen sonstigen Tropus anzuwenden hatte. Wir Heutigen sind in unserem sprachlichen Ausdruck schlichter als die Alten. Wir würden wohl eher lächeln als erschüttert sein, wenn uns heute ein Cicero zurufen wollte: „Ich, der ich unter den gewaltigen Stürmen und Brandungen das Steuer des

Staatsschiffes gelenkt und dieses wohlbehalten in den Hafen gebracht hatte, ich war nicht so furchtsam, daß ich vor dem Wölkchen auf deiner Stirne und vor dem unreinen Atem deines Amtsgenossen gezittert hätte." Wir möchten auch von der Kanzel her nicht mehr so viele Bilder aufnehmen, wie es früher geschah, wenn ein Prediger drucken ließ: „... der Strom der Zeit rauscht an uns vorüber, und es fällt nur, solange uns unsere zeitliche Lebenssonne leuchtet, der Schatten von uns in den Spiegel der Zeit, wir selbst gehören der Ewigkeit an ... Geht die zeitliche Lebenssonne des Menschen unter und zieht das Dunkel der Todesnacht herauf, dann verschwindet nur sein Bild in der Zeit, mit dem die Wellen der Stunden und Tage gespielt haben." Wer sich allzu sehr im Garten der Bilder und Vergleiche tummelt, kann sich darin auch verirren, wie ein Kanzelredner, der drucken ließ: „Das bescheidene Veilchen des Glaubens blüht am glänzendsten, wenn die Hammerschläge des Schicksals es auf dem Amboß des Herzens zu leuchtenden Strahlen erwecken." Oder Wilhelm II., der einmal sagte: „Eines Ozeans von Druckerschwärze bedient er sich, um die Wege zu verschleiern, die klar zu Tage liegen." Wir wollen also Vorsicht walten lassen, wenn wir Bilder gebrauchen, damit man uns nicht „mit dem scharfen Messer der Kritik in eine dunkle Sache leuchtet!"

Wie jede Ausdrucksform des menschlichen Gestaltungswillens ist auch die Sprache an den jeweiligen *Zeitgeist* gebunden. Was gestern noch angebracht sein mochte, kann heute in Hinblick auf bestimmte Wendungen als veraltet gelten. Der Redner muß deshalb ein feines Gefühl dafür in sich entwickeln, ob ein Sprachbild in seiner Zeit noch wirkt oder nicht. Er muß bedenken, daß der Deutsche nach 1945 eine besondere Abneigung gegen jede Form der *Übertreibung* entwickelt hat und Bismarcks Wort, wonach jeder Superlativ zum Widerspruch reize, heute mehr Geltung hat denn je. Ebenso haben wir ein Mißtrauen gegenüber schmückenden Beiwörtern. Wohl werden wir, wenn wir etwa am Grabe eines Freundes zu sprechen haben, „aus tiefbewegtem Herzen" reden, aber es widerstrebt uns, diese Wendung dabei auszudrücken. Auch Wendungen wie „in glühender Begeisterung", „flammender Protest", „tief gebeugt", „die kochende Volksseele", „der rote Faden, der sich durch die Geschichte zieht", „Eulen nach Athen tragen", „der Zahn der Zeit" oder auch „hart wie Stahl" lassen wir als ausgedient und abgegriffen beiseite. Im übrigen halten wir es mit Voltaire, wenn er meinte, das Beiwort sei oft der Feind des Hauptwortes, wobei wir allerdings bedenken, daß das eigentliche „Hauptwort" im Deutschen nicht das Substantiv, sondern das *Verbum* ist. Wendungen wie „nach Besiegung der Gallier, nach Erhalt Ihres Schreibens, unter Berücksichtigung, bei Inanspruchnahme" sind ebenso schlechtes Papierdeutsch wie sprachliche Formen, die dadurch entstehen, daß man Nennformen (Infinitive) zu Hauptwörtern erhebt, also sagt: „Das Instandsetzen der Bauten, beim Unterbleiben einer baldigen Inangriffnahme unseres Planes" (nach 56).

Das wirksame Beispiel

Wesentlich wichtiger als bildhafte Vergleiche sind uns heute für die Erläuterung die *Beispiele*. Schon Aristoteles unterschied bei ihnen solche, die der Wirklichkeit entnommen sind, von den erfundenen Beispielen. Sofern der Redner zu seinen Hörern in einem guten Vertrauensverhältnis steht, werden persönliche Erlebnisse, die er zur Erhellung seiner Sache anführt, mehr Beweiskraft aufweisen als irgendwelche konstruierten Analogiefälle. Allerdings muß das Erlebnis, das er vorbringt, für seinen

Fall typisch sein, und vor allem darf er nicht den Fehler machen, unberechtigterweise zu verallgemeinern. Hierzu neigt man nur allzu leicht, etwa wenn man von *Reiseerlebnissen* berichtet und aus einem Zufallserlebnis womöglich Schlüsse auf Sein und Verhalten eines ganzen Volkes zieht. Führt man Beispiele aus der Geschichte an, so kann der Hörer verlangen, daß man sich dabei über die Unwiederholbarkeit geschichtlicher Vorgänge klar ist und sich mit einem Ähnlichkeitsschluß begnügt.

Im Gegensatz zu abgegriffenen Bildern stehen solche bildhaften Wendungen, die für einen besonderen Fall, hier und jetzt, vom Redner geprägt werden. Wiederum ist es Mark Anton, der uns in seiner Fähigkeit, sich in die Vorstellungswelt seiner Hörer einzufühlen, Vorbild sein kann. Um des ermordeten Caesar Größe zu erweisen, führt er nicht an, was der Staatsmann und Feldherr schlechthin für Rom geleistet hat, erwähnt er kein erobertes Land, kein Gesetz, das er zum Wohl der römischen Bürger mochte erlassen haben. Er begnügt sich vielmehr mit dem bildhaft geprägten Satze, dessen Sinn dem einfältigsten seiner Hörer vorstellbar ist und überdies das primitivste Triebleben anspricht: „Er brachte viel Gefangne heim nach Rom, wofür das Lösegeld den Schatz gefüllt." Daß Caesar nicht herrschsüchtig war, erweist der Massenpsychologe mit Sätzen wie: „Wenn Arme zu ihm schrien, so weinte Caesar; die Herrschsucht soll aus härterm Stoff bestehn. — Ihr alle saht, wie am Lupercusfest ich dreimal ihm die Königskrone bot, die dreimal er geweigert." Weiterhin spricht er nicht von den Mördern, sondern von den Männern, „von deren Dolchen Caesar fiel". Als er später auf Caesars Testament hinweist — „das ich, verzeiht mir, nicht zu lesen denke!" —, gebraucht er wiederum Bilder von starker Eindringlichkeit, wenn er sagt: „Vernähme nur das Volk das Testament . . ., sie gingen hin und küßten Caesars

Wunden und tauchten Tücher in sein heil'ges Blut, ja, bäten um ein Haar zum Angedenken ..."

Das Beispiel darf nie um seiner selbst willen, womöglich als Anekdote, die lediglich unterhalten möchte, gebraucht werden, sondern es hat seine Bedeutung nur als Erläuterungsmittel. Das Allgemeine, was der Redner eigentlich nur begrifflich-abstrahierend vortragen kann, hat er am Besonderen zu erweisen, das sinnlich vorstellbar — konkret zu demonstrieren ist. Weil die Menge nicht imstande ist, begrifflich zu denken, übt das anschauliche Gleichnis seine Wirkung aus gemäß dem Gesetz, das der französische Redner Cormenin in die Worte faßte: „Wie man nur die großen Gegenstände von weitem sieht, so begreift die Menge nur jene Gründe, die in die Augen springen." Das Testament des toten Imperators sprang der Volksmasse in die Augen, die vor Mark Anton stand. Ebenso gewann für sie die Krone, die er — angeblich — dem Caesar anbot, der Mantel des Ermordeten und schließlich sein toter Körper Beweiskraft. Mark Anton ging vor wie der Verteidiger vor Gericht, der sein Beweisstück, etwa einen Akt, impulsiv den Geschworenen vor Augen hält oder sie an ihnen allen leichtvorstellbare lokale Verhältnisse erinnert.

Die „kinetische" Technik

Die klassische Rhetorik lehrte den Redner, er solle seine Hörer belehren (docere), ergötzen (delectare) und bewegen (movere). Sie wollte damit ausdrücken, daß man nur zu seinem Erfolg käme, wenn man sowohl auf den Verstand wie auf das Triebleben bzw. die Vorstellungskraft und den Willen seiner Hörer einwirke. Wenn wir *„belehrt"* werden, nehmen wir bestenfalls etwas bejahend zur Kenntnis, ohne daß wir uns deshalb später nach dem Wunsche des Redners verhalten müßten. Wer uns *„ergötzt"*, etwa mit Anekdoten und spannenden Beispielen unterhält, verschafft uns vielleicht einen Ohrenschmaus, der aber bald verklingen wird. In beiden Fällen bleibt die eigentliche Nachwirkung aus, weil wir nicht persönlich *„in Bewegung"* gebracht wurden.

Um dieses Ziel zu erreichen, darf der Redner nicht die Stilmerkmale überschätzen, die seine Rede „schmücken" könnten. „Glänzen, leuchten, funkeln und weiter nichts", sagt Bernhard von Clairvaux, „und weiter nichts, das ist nichts; aber erleuchten und bewegen, das ist alles!" Wann aber wird der Hörer am ehesten bewegt, d. h. in seinem Willen und damit in seinem Verhalten beeinflußt? Dann jedenfalls, wenn es der Redner versteht, ihm zu erweisen, daß das, was er sagt, ihn persönlich angeht und nicht bloß einen allgemeinen Wert hat. „Tua res agitur!" — es geht um dich ganz persönlich, deine eigene Sache wird hier abgehandelt: diese Mahnung muß der Hörer aus den Worten des Redners heraushören, wenn er ihm folgen soll.

Schon in der sprachlichen Form wird man hierauf Rücksicht nehmen. Man wird z. B. nicht von der Kanzel her sagen: „Sünde ist eine Übertretung der Gebote Gottes", sondern: „Wenn du sündigest, übertrittst du die Gebote Gottes." Alle unpersönlichen Wendungen wie das Pronomen „man" werden bei Anwendung der kinetischen Technik durch persönliche ersetzt, und für abstrahierende Hauptwörter gebraucht man anschauliche Tätigkeitswörter. Wo es nur angebracht ist, verwendet man die *rhetorische* Frage, der jeweils eine kurze Besinnungspause zu folgen hat, während der Ausruf, besonders wenn er dynamisch gesteigert vorgetragen würde, eher abschreckt, als daß er zur Besinnung und innern Bewegung bringt. Wer zu laut spricht, wird kaum den Eindruck erwecken, als habe er für jeden Zuhörer allein gesprochen, ein Ziel übrigens, das u. a. jedem *Rundfunk-*

redner gesteckt ist. Er kann am besten die Wirkung des intensiven „Hineinsprechens in den Hörer“ erfahren, das viel eher bei abgeschwächter als bei gesteigerter Stimmstärke erreicht wird.

Georg Köpgen, ein Prediger, rät dem Redner, er solle dafür sorgen, daß seine Hörer „durch impulsive Handlungen beeinflußt werden, deren innere Dynamik von selbst weitertreibend wirkt“, und sie damit in Bewegung bringen. Er gibt für diese Art der kinetischen Technik folgendes Beispiel aus dem Predigttexte: „Jesus setzt das Abendmahl ein, doch auf einmal steht der Herr auf und hält inne. Es ist jemand draußen, der vor der Tür wartet. Wer ist es? Du selbst bist da draußen. Und nun ruft Jesus dich herein, läßt dich Seite an Seite mit den Aposteln Platz nehmen, dann geht die Handlung weiter“ (39).

In der Predigt wie in der weltlichen Rede wird die kinetische Technik besonders im *Schlußteil* angewandt. Der Redner in der Wahlversammlung, der vorher schon, wenn er psychologisch richtig verfuhr, so sprach, daß möglichst jeder Versammlungsteilnehmer einsehen sollte, daß die Partei X gerade für ihn, für seine Weltanschauung und — last not least — seine wirtschaftlichen Interessen die einzig richtige sei, hätte falsch gehandelt, wenn er nicht in seinen letzten Sätzen in den Hörern die Bewegungsvorstellung auslösen würde: am Sonntag machen wir unser Kreuz hinter seinem Namen. Auch der Dozent in der Volkshochschule muß im Ausklang seines Vortrags die Hörer „bewegen“. Er tut es damit, daß er vor sich die Frage beantwortet, wie sich die Versammelten ohne seine Hilfe weiter mit seinem Lehrstoff befassen könnten. Wo auch immer wir eine Rede abschließen, sollten wir überlegen, ob wir uns nicht im Sinne von Emersons Ausspruch verhalten sollten: „Es ist eine geringe Wohltat, wenn einer uns etwas gibt, aber eine hohe, wenn einer uns fähig macht, selbst etwas zu tun.“

SCHRIFTTUMS-VERZEICHNIS

(1) *Adama*, P., Predigtkunde, Mainz 1937
(2) *Barth*, E., Einführung in die Physiologie, Pathologie und Hygiene der menschlichen Stimme, Leipzig 1911
(3) *Bier*, A., Die Seele, Berlin-München 1939
(4) *Bode*, R., Ausdrucksgymnastik, München 1925
(5) *Boruttau*, A. J., Über Grundlagen, Ausbau und Grenzen der Stimmkunst, München-Berlin 1941
(6) *Bumke*, O., Gedanken über die Seele, Berlin 1941
(7) *Clara*, M., Das Problem der Ganzheit in der modernen Medizin, Leipzig 1940
(8) *Damaschke*, A., Geschichte der Redekunst, Jena 1921
(9) *Demoll*, R., Der Wandel der biologischen Anschauungen in den letzten hundert Jahren, München 1932
(10) *Dessoir*, M., Die Rede als Kunst, 2. Aufl., München 1948
(11) *Drach*, E., Sprecherziehung, 11. Aufl., Oberursel 1949
(12) *Drach*, E., Die redenden Künste, Leipzig 1926
(13) *Drach*, E., Grundgedanken der deutschen Satzlehre, Frankfurt a. M. 1937
(14) *Esser*, W. M., Deutsche Sprecherziehung, Bonn-Berlin 1939
(15) *Faust*, J., Aktive Entspannungsbehandlung, Stuttgart-Leipzig 1936
(16) *Feist*, H., Sprechen und Sprachpflege, Berlin 1938
(17) *Gehlen*, A., Der Mensch, seine Natur und Stellung in der Welt, Berlin 1940
(18) *Geißler*, E., Rhetorik, Teil 1 u. 2, Leipzig-Berlin 1918
(19) *Geißler*, E., Erziehung zur Hochsprache, Teil 1 u. 2, Halle 1925 und 1934

(20) *Gerathewohl,* F., Technik und Psychologie der Verhandlung, 6. Aufl., Bad Homburg v. d. H. 1954
(21) *Gerathewohl,* F., Deutsche Redekunst, 5. Aufl., Bad Homburg v. d. H. 1949
(22) *Gerathewohl,* F., Sicheres Auftreten, 3. Aufl., Bad Homburg v. d. H. 1953
(23) *Gerathewohl,* F., Geschäftliche Verhandlungspraxis. Taktik der Menschenbehandlung bei Besprechungen, 3. Aufl., Stuttgart 1954
(24) *Gerathewohl,* F., Wirksame Sprache im Wirtschaftsleben, Stuttgart 1953
(25) *Gerathewohl,* F., Richtiges Deutschsprechen (Übungsbuch), 7. Aufl., Heidelberg 1955
(26) *Gerathewohl,* F., Die Sprache als Lebenserscheinung. Versuche zur ganzheitlichen Begründung der Sprechkunde, Heidelberg 1950
(27) *Gerber,* P. H., Die menschliche Stimme und ihre Hygiene, Leipzig-Berlin 1918
(28) *Graf,* O., Die Krankheit der Verantwortlichen, Köln 1953
(29) *Heyer,* G. R., Der Organismus der Seele, 2. Aufl., München-Berlin 1937
(30) *Jespersen,* O., Lehrbuch der Phonetik, Leipzig-Berlin 1926
(31) *Jung,* C. G., Psychologische Typen, Zürich 1937
(32) *Kainz,* F., Psychologie der Sprache, 1. Bd., Stuttgart 1941
(33) *Kaiser,* K., Die Managerkrankheit läßt sich vermeiden, Köln 1953
(34) *Kaulhausen,* M. H., Die Typen des Sprechens und ihr Wert für die Spracherziehung, Emsdetten 1952
(35) *Kaulhausen,* M. H., Die Gestalt des Gedichtes, seine sprechkundliche Interpretation und Nachgestaltung, Göttingen 1953

(36) *Kieffer*, G., Die äußere Kanzelberedsamkeit, Paderborn 1923
(37) *Klages*, L., Ausdrucksbewegung und Gestaltungskraft, Leipzig 1923
(38) *Klatt*, F., Sieg über die Angst, Berlin 1940
(39) *Köpgen*, G., Macht über die Hörer, Paderborn 1935
(40) *Kofler*, L., Die Kunst des Atmens, 11. Aufl., Leipzig 1919
(41) *Künkel*, F., Grundzüge der praktischen Seelenkunde, 2. Aufl., Stuttgart-Leipzig 1935
(42) *Kuhlmann*, W., Schule des Sprechens, Heidelberg 1939
(43) *Kuhlmann*, W., Deutsche Aussprache, Lehr- und Lesebuch für Ausländer, 3. Aufl., Freiburg i. Br. 1954
(44) *Liek*, E., Das Wunder in der Heilkunde, 3. Aufl., München 1936
(45) *Lockemann*, F., Das Gedicht und seine Klanggestalt, Emsdetten 1952
(46) *Lockemann*, F., Sprecherziehung als Menschenbildung, Heidelberg 1954
(47) *Münsterberg*, H., Grundzüge der Psychotechnik, Leipzig 1914
(48) *Nadoleczny*, M., Lautbildung und Sprachstörungen, München 1912
(49) *Naumann*, F., Die Kunst der Rede, Berlin 1914
(50) *Neumann*, J., Leben ohne Angst, 3. Aufl., Stuttgart 1941
(51) *Neumann*, P., Die Stimmkrankheiten der Lehrer, Breslau 1930
(52) *Niebergall, F.*, Wie predige ich modernen Menschen? Tübingen 1921
(53) *Orthloff*, H., Die gerichtliche Redekunst, Berlin 1890
(54) *Paul*, H., Prinzipien der Sprachgeschichte, 5. Aufl., Halle a. d. S. 1920
(55) *Reiners*, L., Stilkunst, 2. Aufl., München 1942

(56) *Reiners*, L., Der sichere Weg zum guten Deutsch, München 1951
(57) *Reis*, H., Die deutschen Mundarten, Berlin-Leipzig 1912
(58) *Reis*, H., Die deutsche Mundartdichtung, Berlin-Leipzig 1915
(59) *Richter*, E., Wie wir sprechen, 2. Aufl., Leipzig-Berlin 1925
(60) *Schaeffler*, J., Das Mundartenbuch, Berlin-Bonn 1926
(61) *Schlaffhorst*, K., und *Andersen*, H., Atmung und Stimme, Wolfenbüttel-Berlin 1928
(62) *Schmitt*, J. L., Das Hohelied vom Atem, Augsburg o. J.
(63) *Schneider*, *K.*, Was ist gutes Deutsch? München 1930
(64) *Schweinsberg*, F., Vorlesen, Vortragen und Erzählen, Heidelberg 1948
(65) *Schweinsberg*, F., Stimmliche Ausdrucksgestaltung im Dienste der Kirche, Heidelberg 1946
(66) *Segerstedt*, T. T., Die Macht des Wortes. Eine Sprachsoziologie, Zürich 1947
(67) *Seydel*, M., Grundfragen der Stimmkunde, Leipzig 1909
(68) *Siebs*, Th., Deutsche Bühnenaussprache — Hochsprache, 15. Aufl., Bonn 1930
(69) *Sievers*, E., Grundzüge der Phonetik, 4. Aufl., Leipzig 1909
(70) *Spurgeon*, H. C., Ratschläge für Prediger, deutsch, Stuttgart 1896
(71) *Stubenvoll*, Fr. B., Die Heilung durch den Atem, Bad Reichenhall 1935
(72) *Sütterlin*, L., Die Lehre von der Lautbildung, Leipzig 1925
(73) *Süskind*, W. E., Vom ABC zum Sprachkunstwerk, Stuttgart 1940
(74) *Thierfelder*, F., Wege zu besserem Stil, Mainz 1950

(75) *Tirala*, L. G., Heilatmung bei Blutdruck-, Herz- und Kreislaufkrankheiten, 17. Aufl., Frankfurt 1953
(76) *Trojan*, F., Die Ausbildung der Sprechstimme, Wien 1948
(77) *Türk*, F., Sinnfassendes Lesen, Frankfurt a. M., 1937
(78) *Volkmann*, R., Die Rhetorik der Griechen und Römer, 2. Aufl., Leipzig 1885
(79) *Voßler*, K., Sprache als Schöpfung und Entwicklung, Heidelberg 1905
(80) *Voßler*, K., Gesammelte Aufsätze zur Sprachphilosophie, München 1923
(81) *Wallaschek*, R., Psychologie und Technik der Rede, 2. Aufl., Leipzig 1914
(82) *Weinert*, H., Kampf den Sprechfehlern, Leipzig 1938
(83) *Weithase*, I., Goethe als Sprecher und Sprecherzieher, Weimar 1949
(84) *Weithase*, I., Die Geschichte der deutschen Vortragskunst im 19. Jahrhundert, Weimar 1940
(85) *Whateley*, Grundlagen der Rhetorik. Deutsch von G. Hildebrand, Gotha 1884
(86) *Winkler*, Ch., Sprechtechnik für Deutschschweizer, Bern 1934
(87) *Winkler*, Ch., Deutsche Sprechkunde und Sprecherziehung, Düsseldorf 1954
(88) *Winkler*, Ch., Lesen als Sprachunterricht, Ratingen 1952
(89) *Wittsack*, W., Deutsche Sprechbildung, Greifswald 1935
(90) *Wunderlich*, Hermann, Die Kunst der Rede in ihren Hauptzügen an den Reden Bismarcks dargestellt, Leipzig 1898
(91) *Wundt*, W., Völkerpsychologie, 1. Teil: Die Sprache, 4. Aufl., Stuttgart 1921
Nach Abschluß der Niederschrift erschien:
(92) *Weller*, M., Das Buch der Redekunst, Düsseldorf 1954

INHALT